青少年的哈佛学习课

黄荧◎著

台海出版社

图书在版编目（CIP）数据

青少年的哈佛学习课 / 黄荧著 . -- 北京：台海出
版社，2018.9
ISBN 978-7-5168-2080-3

Ⅰ．①青… Ⅱ．①黄… Ⅲ．①学习方法－青少年读物
Ⅳ．① G791-49

中国版本图书馆CIP数据核字（2018）第192868号

青少年的哈佛学习课

著　者：黄　荧	
责任编辑：武　波　童媛媛	装帧设计：末末美书
版式设计：末末美书	责任印制：蔡　旭

出版发行：台海出版社

地　址：北京市东城区景山东街 20 号　邮政编码：100009

电　话：010 － 64041652（发行，邮购）

传　真：010 － 84045799（总编室）

网　址：www.taimeng.org.cn/thcbs/default.htm

E-mail：thcbs@126.com

经　销：全国各地新华书店

印　刷：天津中印联印务有限公司

本书如有破损、缺页、装订错误，请与本社联系调换

开　本：170mm×240mm		1/16	
字　数：170 千字		印　张：15	
版　次：2018 年 9 月第 1 版		印　次：2018 年 9 月第 1 次印刷	
书　号：ISBN 978-7-5168-2080-3			
定　价：42.00 元			

致青少年的一封信：如何才能征服学习？

亲爱的同学们：

你们好！

当你们看见这封信时，说明你们都是爱学习的好孩子，为什么这么说呢？因为不喜欢学习的人，是绝不会在书山题海之余，还挤出仅有的休息时间来充实自己，以便能够更好地学习。不可否认，学习需要一颗热爱的心，哪怕你们只爱那么一点点，也足以促使自己主动地去学习，从而获取更丰富的知识了。

然而，对学习仅仅只有热爱是不够的，你们还必须学会征服它，让它甘愿任你摆布。但如何才能征服学习呢？哈佛大学能给你们答案！

众所周知，哈佛大学是成功者的聚集地，它前后共培养了8位美国总统、40位诺贝尔奖获得者、30多位普利策奖获得者，以及无数的知名企业家和世界级学术领军人物……对此，世人在惊叹之余，也充满了各种疑问：为什么哈佛大学能成为天才的摇篮？为什么哈佛人个个都是精英？为什么大家将哈佛的理念奉若神明？其实答案很简单，那就是——他们征服了学习，进而征服了世界！

那么，哈佛学子们又是怎么征服学习的呢？答案马上揭晓！

首先，要有明确的目标。

每个哈佛学子踏进校园的第一件事，便是规划好自己人生的每一个阶段，而为了达到这一目的，哈佛的老师们也不遗余力，时而对他们谆谆教导，时而用现实告诫他们，甚至不惜花费十年的时间来做实验。为什么要这样呢？因为老师们深知，唯有设定好目标，学子们才能明确自己现在应该做什么，接下来应该做什么，未来又应该做些什么，否则一生都将碌碌无为。

其次，注重培养自己的兴趣。

在哈佛大学的选课上，培养兴趣这一点得到了充分的体现，因为刚进哈佛的新生是不分系的，办理好入学事宜后，他们便开始了7大类"核心教育"的学习，大一修完这些课程，大二就可以从40多种不同类型的课程中，选择自己感兴趣的学科，进行系统深入的学习。

再次，勤奋是必不可少的习惯。

哈佛的图书馆总是座无虚席，莘莘学子都伏在桌案上或阅读书籍或奋笔疾书；而在哈佛的学生餐厅里，几乎听不见说话的声音，每个学生都是边吃饭边看书或边做笔记，很难看见有人闲聊或嬉闹；甚至就连在哈佛的医院里，也是同样的安静，无论有多少人候诊，他们都毫无例外地端着一本书看，或者拿着一个小本做记录，不受任何打扰。

……

显然，要想征服学习，哈佛的方法远不止这些，还有很多值得我们借鉴的宝贵经验，也正因为如此，本书才应运而生！

无论学习的道路有多么艰辛，它都是获取成功的利器，它也不仅仅只局限于求学阶段，还将伴随我们整个人生。在未来的岁月，我们每到一个城市，每换一个职位，都是一个不断学习的过程。所以，亲爱的同学们，无论你们出于何种机缘得到了本书，都一定要认真地阅读，这绝对有益于你们的成长！

最后，预祝你们能尽快征服学习，从此翻身成为学习的"主人"！

目 录
CONTENTS

第一章

哈佛"自信说"：
没人能否定你，除了你自己

信心不能给你需要的东西，却能告诉你如何得到它！

别怀疑，你就是传奇

有信心的人，可以化渺小为伟大，化平庸为神奇！

提及哈佛，世人的脑海里常会闪现出这个词——传奇，为什么呢？因为从它那扇门走出来的人，不是称霸业界的领袖，就是响当当的精英人物，也正因为如此，莘莘学子都梦想着能成为哈佛的一员。然而，有些人却真的只是在梦里想想而已，一回到现实便不敢有这种奢望，在他们看来，哈佛的门槛好比是难以跨越的"龙门"，既没能力又没条件的他们，这辈子都不可能踏进哈佛的大门。

其实，最根本的原因，还是这些人太不自信了！要知道，哈佛录取学生并没有统一的考试，它只会根据你提供的材料——包括你平时成绩的证明、英语能力证明、各种奖励证书、两封推荐信以及两篇个人小论文等进行评估选择。无论你是不是天才、成绩拔不拔尖，只要你的英语能力过硬，你获得的奖励证书有分量，你写的小论文相当有水平，那么，你就有被哈佛大学录取的可能性。

可见，哈佛也没想象中难进，所以别怀疑，没准你就是它的下一个传奇！

　　在 2016 年的哈佛毕业典礼上，出现了第一位在哈佛毕业典礼上演讲的中国大陆学生，他就是来自湖南一个小乡村的何江。何江出生于南田坪乡的农村家庭，在他儿时的记忆中，家乡是个落后的村庄，既没车，也没电，甚至连自来水都没有。

　　何江深知，只有努力学习，才能走向更宽广的远方。于是他披星戴月地学习，以求能考上好的大学。在他的不懈努力下，他的成绩一直稳步上升，甚至很长一段时间都占据"全校第一"的交椅。终于，在 2005 年的夏天，何江考入了自己心仪的高校——中国科技大学。

　　当何江带着美好的憧憬进入大学时，现实却给了他致命一击：同学们都穿着靓丽的服饰，用着新式的手机，吃着校外的大餐，甚至有人还有自己的笔记本电脑。面对这个崭新的世界，他的自卑感油然而生，为了打消这种念头，他决定抛开杂念，只埋头于自己的学业，这使得他拿下了学校的最高荣誉——"郭沫若奖学金"。学习上的优异，给了他满满的自信，使他逐渐忘了家境带来的自卑感。

　　2009 年，大学毕业的何江决定继续深造，虽然国内已有不少名校抛来了"橄榄枝"，但他却想出国去见识一下外面的世界。对此，导师建议他去哈佛，面对闻名遐迩的哈佛大学，他又有点不自信了，因为他并不觉得自己能从众多的毕业生中脱颖而出，他一再犹豫，不敢提交申请材料。导师见状，不断鼓励他去尝试，并说了一句让他至今都记忆犹新的话："不去试，怎么知道自己不行呢？"

最终何江递交了申请，并成功被哈佛录取！

即便成绩再好、获得的奖励再有分量，假如何江不敢向哈佛提交申请材料，最后只能是与这次机遇失之交臂。

人们不难发现，从哈佛走出来的精英们，多数都非常自信，正是在这种自信的驱动下，他们才敢于不断地挑战自己，即使不小心失败，也能充满信心地鼓励自己，进而获得最终的成功！很多时候，自信就像我们心里的一盏明灯，时刻照亮着前行的路，引领我们走向成功的彼岸，而更神奇的是，在这个世界上，没人可以熄灭它，除了你自己！

讲了这么多，究竟什么是自信呢？单从字面上来解释，自信是指一个人对自己所作各种准备的感性评估。而对正处于求学阶段的青少年来说，它不仅是一种积极向上的"正能量"，还能使其获得"中流击水、浪遏飞舟"的神奇力量。此外，它还十分"物美价廉"，只需稍稍做出一点改变，就可以将它收入囊中。

🦋学习日志

在哈佛，即使是没有天赋的人，也从不会怀疑自己，因为他们总能发现自己的长处，肯定自己《与众不同》的能力。不过，不怀疑自己可不是盲目地自信，不少人就在修炼自信的过程中，不小心走火入魔，炼成了自傲。

　　自信不是孤芳自赏、夜郎自大，更不是毫无根据地自以为是和盲目乐观，而是激励自己奋发进取的一种心理素质，它代表一种高昂的斗志、充沛的干劲以及迎接挑战的积极情绪，是战胜自己、告别软弱、迈向成功的"必须装备"！

哈佛大学里没有"平凡人"

信心是一种态度，常使"不可能"消失于无形！

一直以来，美国都流传着"先有哈佛，后有美利坚"的口号，虽然哈佛大学与美国相比是个"小不点儿"，但是这拼的可不是大小，而是内涵。哈佛人才济济，且不说它培养了多少名人，单诺贝尔奖这一项，它就能把其他名校给比下去！

不仅如此，哈佛商学院的人多是华尔街的"抢手货"，当他们还在学校时，就早已将聘书收入了囊中；美国那些著名的大律师和大法官，大多来自哈佛的法学院；哈佛还有一批对美国价值和人文精神产生决定性影响的思想巨擘，如爱默森、威廉·詹姆斯、桑塔亚那、梭罗等。可以说，哈佛缔造了美国的辉煌，哈佛的精英们主宰着美国的成长，这亦是人们挤破了头、拼了命也想进哈佛的原因。

在哈佛，没有"平凡人"！

今天对比尔来说，是个既紧张又充满了期待的日子，因为他即将踏上开往哈佛的列车，开启自己美好的求学之旅。这个出生于美国新墨西哥州的青涩少年，是镇上唯一考入哈佛大学的男孩。他的亲友们，尤其是他的同学，都为他能到哈佛深造而感到无比自豪，他对自己也充满了信心，并庆幸能有这样一个好机遇。

可到了哈佛后，比尔的兴奋劲还没过去，就开始对自己不那么自信了，并有种越来越糟糕的感觉，为什么呢？因为他在哈佛过得一点都不快乐，甚至可以说是很辛苦：很多大家都知道的事他却一无所知，甚至有时候上的课都听不懂，又碍于面子不敢请教；听着别人纯正的美式英语，说话带土音的他只能尽量不开口……

长相一般、身材瘦小的比尔，多年以来唯一值得炫耀的，就是出色的学习成绩。可眼下，他面对的不再是小镇上的普通人，而是来自世界各地的"高手和精英"，这帮人个个都有自己的特长，比尔所在的班级就有马术表演的冠军、橄榄球队的队长、知名的小提琴演奏家以及出版过专著的作家等多才多艺的学生。

比尔感觉自己曾拥有的光环一下子消失了，他已再无优势可言。这彻底打破了他多年的心理平衡，他陷入了空前的自卑和焦虑中，他甚至开始为自己的相貌感到自卑。比尔的改变被另一个同样来自小镇的女孩看在眼里，这位女同学刚来哈佛时也跟比尔一样，变得越来越不自信，但她很快就走了出来。

也许是都来自小镇的缘故，比尔和女孩很快就成了朋友，在女孩的感染下，他渐渐摆脱了那些负面的情绪，并很快为自己再次树立了信心："我相信，哈佛招收的都是世界上最优秀的人才，它既然录取了我，那证明我也是个人才，至于优不优秀，得靠自己去努力。连哈佛都对我充满了信心，我又有什么理由不相信自己呢！我有能力让哈佛录取我，就一定有能力在这里实现自己的价值！"

找回自信后的比尔，简直像换了个人似的，不仅跟上了教授们的步伐，还和同学们都打成一片，积极参加各种课外活动。终于，他又有了可以炫耀的资本，只不过，现在已经不仅仅是成绩了，还有他热爱的音乐、绘画、橄榄球……

人们常会下意识地将自己放在所处的环境中，通过与他人的比较来获得对自我的评价。哈佛学子亦是如此，尤其是刚进门的新人，从头戴光环的骄子到毫无优势的隐形人，面对这种翻天覆地的变化，心里难免会出现落差，以致让自卑钻了个空子。但哈佛人可不是"吃素"的，即便处于不占优势的下风，也能绝地反击，将自卑的压力化作战胜自我的动力！

走进哈佛，你就会意识到自己不可能比所有人优秀，因为每个人的优势、兴趣、目标皆不同，努力、成长的方向也各不相同。对此，当普通人还沉浸在比较的泥潭里无法自拔时，哈佛人却早已将"如何在比较中胜出"这类问题抛诸脑后，思考着"怎样认清自己、找回自己、独立地发展自己"等问题。是的，这就是哈佛人，眼里只有"不平凡"的自己。

　　有时，信心就像一种能力催化剂，可以调动身体里的一切潜能，将各部分的功能都推动到最佳状态。若潜能始终在高水平的位置上不断反复，久而久之，便会成为身体里的固定成分，届时能力便如大浪来袭，势必会一浪高过一浪。试想，如果成长的路线沿着这种模式累积，就算想做一个平凡的人，都不太可能！

❤学习日志

　　　　相信自己的能力是一种感觉，虽然它不能通过背书的方法"学习"到，但可以通过"学习"来提升这种能力。每天多念一念下面这些话，对提升自己的信心十分有效：

　　·我拥有良好的习惯和品质。

　　·我在不断增长自己的能力和见识。

　　·无论什么时候，我都相信自己的能力。

　　·只要我想做，谁都阻止不了我。

　　·我乐于接受新知识、新观念。

　　·我设立的目标一定能实现。

　　·我的存在非常有价值。

　　······

你可以不强大，但绝不能软弱

无论你陷于何种窘困的境地，都不能丢掉宝贵的自信力！

两个人站在同一起跑线上，并同时踏上人生的征途，但他们中一个自卑、一个自信，谁能最先到达成功的彼岸呢？对于这个问题，相信你的心中早有答案！

在哈佛，无论你曾经创造出多少奇迹，也不管你进来时顶着多少光环，一旦来到这里，都会淹没在来自五湖四海的天才与精英们之中。不仅如此，哈佛学子们还要腾出手来，阻止命运开的"小玩笑"，即便一个不小心"玩笑"开大了，他们也能微笑着从容应对。

对于哈佛人而言，可以不强大，却绝对不能软弱，必须充满自信！

1921 年 8 月，正在坎波贝洛岛休假的富兰克林·罗斯福，突然发现不远处的树林发生了火灾，他二话没说，立刻赶去救火。灭火后，他跳进了冰冷的海水之中，双腿不知怎的开始抽筋起来，不久，他的两只脚竟麻痹了，完全失去了知觉。在家人的陪同下，他被及时赶来的救护人员送去附近的医院治疗。

经过诊断，罗斯福竟患上了可怕的脊髓灰质炎！从那以后，高烧、疼痛以及麻木便伴随着罗斯福，更不幸的是，他还因此失去了行动能力，每天只能靠冷冰冰的轮椅行走，只要一遇到台阶或楼梯，他就得请别人把自己和轮椅一起搬上、搬下。此时，他已拿下参议员的位置，政治生涯才刚刚有点起色，以后的路会更加艰难，但他失去了双腿，又要拿什么来继续前行呢！面对突如其来的改变，他心灰意冷，甚至萌发了隐退的念头。

每当罗斯福看见自己的双腿，便会很讨厌现在的生活，他觉得自己像是个废人一样，什么事都干不了，毫无用处。可当他回想起哈佛的那段岁月，又不禁陷入了沉思，那时的他简直自信心"爆棚"，正是这份自信，令他让很多的"不可能"变成了"可能"。于是，他开始告诉自己：不能因为不能行走而自卑，更不能就此低头认输，没人会同情我的软弱，谁说坐在轮椅上就不能当好参议员！

在不知不觉中，罗斯福渐渐"满血复活"，为了证明自己有用，他每天晚上偷偷地训练自己，从最基本的站立到最艰难的行走，他都会尝试一遍。久而久之，他的身体开始有了好转，虽然很多时候依然离不开轮椅，但他却可以不依靠轮椅自己上楼梯了。他先用手臂的力量把身体撑起来，让自己的上半身先挪到台阶上，然后再把两条腿也拖上去，紧接着一个台阶一个台阶地慢慢爬上楼梯。

　　这样上楼梯费力不说，还非常难看，可对于罗斯福来说，这样一个小小的改变，不仅给了他无穷的力量，而且更坚定了他对自己的信心。从那以后，他便相信轮椅困不住自己，即使困住了他的身体，也困不住他的心和能力！

　　凭着这股自信的劲儿，罗斯福击退了自己的软弱，一路坐着轮椅进了白宫！

　　一直以来，罗斯福的故事都在哈佛广为流传，作为美国第 32 任总统的他，不仅是美国人心目中的英雄，更是哈佛学子们的榜样和骄傲！然而，相比那些耀眼的光环，世人却更敬重他坚强的意志与超高的自信，他也正是凭借着这些"宝贝"，化解了命运给他出的一道道"难题"，最终走向了成功和幸福的彼岸。

　　若有人问：哈佛人是否天生就出众、优秀？他们的智力真的比别人高吗？

　　不少人会给出肯定的答案，殊不知，哈佛的学子也有失意，只是他们可以化失意为一份助力，以推动自己更积极地去弥补不足；他们也有痛苦，只是他们懂得将痛苦看作一种锤炼，以促使自己更乐观地去面对苦难；他们也有眼泪，只是他们能够把眼泪当成一剂良药，以激励自己更勇敢地去迎接挑战。是的，他们没什么大不了，只不过是比普通人更自信、更上进，自我意识更强罢了。

　　漫漫人生路，难免会遭遇荆棘和泥泞，要想到达成功的彼岸，最不可缺少，也是最容易具备的，便是自信心！面对生活或学习中的不如意，你的内心可以柔软，寻求必要的安慰，却不能因此而软弱，更不能丢了自信，唯有用自信来武装自己，才能获取无穷的力量。

成功者的人生都是相似的，失败者的人生却各有各的失败。其实，很多人不是败给了成绩、能力或条件，而是败在了"没自信"，他们身上明明具备成功的因素，却硬是被自己活生生地赶了出去，以致体内只剩下软弱和怯懦，将自己弄得不堪一击。所以，亲爱的同学们，无论你现在正在遭遇不幸，还是已经被困难给"打趴下"了，都要找到自己"自信秘籍"，修炼自己的自信！

♥ 学习日志

怎样才能保持自信呢？

据研究表明，心理训练中的自我暗示与自我肯定，对维持自信非常有用，它能通过坚定的肯定性表达，长期刺激我们的脑神经，使那些信息能留在大脑里，进而产生一系列生理和心理上的变化，令人在富有感召力的语言指示下，产生与期盼相符的自我改进与自我完善。

骨气这东西，还是要有的

人若没了骨气，就等于是活着却没了灵魂！

什么是骨气？是舍生取义的慷慨激昂，还是宁死不屈的英雄气概？对于哈佛而言，这些答案既正确也不正确！因为哈佛人更注重自我激励，在哈佛人眼里，骨气应该是压不扁、折不弯、吓不倒，坚决不向任何困难低头！显然，这需要具备无人能敌的超级自信，否则别说跟困难"单挑"了，就连让你和它对视一眼都不太可能，唯有在信心的支撑下，人们才能获得排除万难的力量，夺取成功！

人若没了骨气，就等于是活着却没有灵魂，那是什么人？是软骨头、是软蛋！哈佛可不需要这种人，更不会向这种人敞开大门，虽然它宽容大度，也乐于接受别人的缺点，但没骨气的人休想入它"法眼"。相反，对于那些骨头硬、充满自信的人，哈佛却会主动抛出橄榄枝。你还别不信，这种事情它可干过不少回，下面这个小女孩的经历，能让你对哈佛有更深的了解！

随着一阵响亮的啼哭声，江苏省泰兴市的一个工人家庭迎来了新生命，可命运却跟这个家庭开了个大玩笑，1 岁那年，小女婴被确诊患上了视网膜母细胞瘤，不幸左眼失明，3 岁时又失去了右眼，从此小女孩只能生活在一片黑暗中。

然而，小女孩并没有被黑暗吞噬，而是开启了与命运搏斗的"骨气人生"！每每遇到困难，她都会告诉自己：我的眼睛盲了，但我的身体没有盲，别人能做到的事，我也一定能做到，甚至能做得更好！在信念的支撑下，她的生活异常精彩，不仅学习拔尖，还在全国残疾人文艺表演中，获得了笛子组独奏三等奖。

14 岁时，小女孩爱上了田径，省队教练看中了她的潜力，将她视为重点训练和培养的对象。她也相当争气，在 2003 年的全国第六届残运会上，一举摘下了 100 米、4×100 米两枚金牌及 200 米的铜牌。只不过，她却因长期超负荷运动而导致骨折，即便如此，她都不肯向命运低头，又坚持参加了多项残运会比赛。对此，她总是很自信地说："就算是爬，我也会笑着完成最后的比赛！"

随着年龄的增长，小女孩渐渐变得越发成熟和自信，对未来也有了更高的期许，正在盲校学推拿的她深知，按摩只能吃口饱饭，唯有学习更多的知识，才能拥有更好的未来。于是，她开始潜心学习英语，她将目光瞄准了国外。对普通人来说，只要多读多记就能拿下英语，可双目失明的她却做不到，只能靠听广播来一点点地学，谁曾想，她在学习之余，竟还获得了一份意外的惊喜！

原来，小女孩通过广播电台的一档英语节目，结识了一位外语学校的加拿大籍老师，在这位老师的帮助下，她被南京外国语学校破格录取，成为该校42年来第一位盲人学生。进入学校后，为了能跟上大家的步伐，她再次展现了自己的骨气——像普通人一样生活和学习！虽然她因此付出了很多，却从没抱怨过。

2007年2月6日，小女孩终于圆了自己的"出国梦"，她应美国盲人协会的邀请，进行了为期一个月的访问。这期间，她走访了一些著名的高校和盲校，大家都被她傲然的骨气所折服，进而安排了面试。面试时，她以流利的英语和超凡的自信感染了每一位考官，并先后收到了哈佛大学、美国斯坦福大学、耶鲁大学等6所著名高校的录取通知，这些名校都纷纷承诺给她提供全额奖学金。

那么，这个女孩究竟是谁呢？没错，她就是杰出的残疾运动员——吴晶！

有谁能想到，一个盲女居然会被包括哈佛在内的6所世界名校录取？没有人想到，吴晶却做到了，她在外国人面前展示了中国人的硬气。生活像一条高低不平的路，喜悦和忧伤交替着向前演绎，这一路上，我们要做的就是让骨头变硬，即使被生活磨掉了棱角，也不能选择逆来顺受，而应当勇于奋进、知难而上，有骨气地面对人生！

　　面对人生中的一道道门坎，我们可以让自己硬气，要知道，迈过去了是门，迈不过去就是坎。生活中总有些让我们无奈的琐事，有些让我们无助的境遇，有些让我们无语的状况，但不管遇到怎样的艰难险阻，能否挺得过去，都取决于我们对自己的信心。

　　其实，不管是哈佛人还是其他人，每个人皆有一个不断成长的过程，毕竟没有谁一生下来便注定能上哈佛。在此期间，需要学会的东西有很多，尤其骨气是要有的，否则一受到挫折就退缩，一看见困难就吓蒙，一遭遇考验就认怂，是无法成功的。

✌学习日志

　　也许，在很多同学眼里，骨气这词离自己太遥远，因为既没有多舛的命运，又没遭受什么致命的打击，更不会面临生死的抉择，最多也就是成绩不佳、被老师批评、给父母添堵这类小事。殊不知，这些事也能体现出一个人的骨气，若你的骨头不够硬，别说这些事全找上了门，即便是其中一件就能击垮你！

　　有骨气，才能活得像个人！当然，骨气也不是说有就能有的，得在生活中慢慢培养，要先学会自爱、自重、自尊，然后树立一个坚定的信念，并做到受挫不急躁、遇困不慌乱。

自信从何而来

除非你愿意，否则没人能破坏你对任何事的信心！

1960 年，哈佛心理学家罗森塔尔博士做了一个试验：他来到加州一所学校的某个班级，当场点了一些学生的名字，并告诉老师和同学们，这帮孩子都是天才，将来一定会出人头地。从此，那些被博士肯定的学生们，皆认定自己将来前途无量。果然不出博士所料，20 年后，当年被点名的学生都比其他人出色。

从这个实验中，我们不难发现：有些人之所以能出类拔萃，常常是因为拥有强大的自信！自信不仅能给我们力量，还能激发我们隐藏的潜力，更能让我们勇敢地迎接挑战，这就是它的神奇魔力。

琳达出生在美国一个偏远的小镇上，虽然她的家境十分贫困，但她相信自己能摆脱生活的苦难，在这份自信下，她一直都在努力地学习，始终保持着优异的成绩。然而当她跟弟弟一起面临上大学的问题时，父母却只能供他们其中一人去上学，面对命运如此的捉弄，她唯一能做的就是坚守自己的信念，更加努力地学习，用优异的成绩说话。

在她的不懈努力下，她考上了梦寐以求的哈佛大学。面对这样的结果，父母只能选择让琳达上大学，而让弟弟步入社会。

可厄运并没有就此放过琳达，体弱的母亲因过度操劳而病倒了，她责无旁贷的担负起了照顾母亲的责任。一有空就得回家照顾母亲，与此同时她还要兼顾自己的学业。随着学习任务的不断加重，她开始有点吃不消了。因为她家离学校非常远，每次放假她都要转几趟车，拼命赶时间才能在天黑前到家。

在学期即将结束时，实在熬不住的琳达，成绩已呈现明显的下滑趋势，这令她陷入了纠结之中，她认为若以这种状态在哈佛学习，最后势必会无法毕业，与其这样，不如干脆放弃自己的学业，回家好好照顾母亲。然而这个想法并没有停留太长时间，就被她内心那份坚定的信念给否决了，她相信自己一定能克服困难、战胜苦难，成功地从哈佛毕业，继而给自己一个精彩的人生。

琳达咬紧牙关挺了下去，她调整好心态，又全身心的投入到了学习中，假期时只要安顿好了母亲，她便开始努力学习，甚至不惜挑灯夜战也要将自己落下的成绩补回来。在琳达坚定的信念下，她以优异的成绩从哈佛毕业，成了各大企业争抢的"高级人才"！

人生之不如意十有八九。人在遭遇了接二连三的打击后，都难免会怀疑自己、否定自己，甚至轻视自己，唯有内心强大、信念坚定的人，才能始终保持自己的自信。显然，琳达就是这样的人，面对人生给予的苦难、生活给予的困难，她始终相信自己能转换人生、改变命运！

实际上，每个人都会有自卑感，优秀的人也不例外，他们甚至比其他人更容易产生自卑，因为这种感觉常来源于人类的完美情结。对于涉世未深的人来说，自卑是一种正常的心理现象，它会随着时间的推移逐渐消失，只不过有些人能迅速甩掉这个思想包袱，而有些人却迟迟逃不出自卑的泥沼，在自卑的漩涡中越陷越深。

如何摆脱自卑呢？

从改变自己的形象开始

有人可能会问：形象也能提升自信？答案是肯定的！要知道，一个充满自信的人，绝不会允许自己胡子拉碴、衣衫不整地出现在大家面前。在哈佛，无论是课堂讲学，还是学术讨论会上发表演讲，教授们都十分注重形象，干净得体的着装，简洁大方的配饰，常能令他们信心倍增，声音也显得格外洪亮。对此，除了服饰上的改变，还得注意行为举止，如站立时抬头挺胸、走路昂首阔步等。

多用一些肯定的语气

专家指出，运用肯定或否定的措辞，可将同一件事形容成有如天壤之别的结果，当然，更重要的是，你表现出的坚定与决绝，能驱除内心的自卑感，从而提升对自己的信心！

尽量挑前面的位子坐

据心理学家证实，大部分坐在后排座的人，都希望自己能不"太显眼"，而他们怕"太显眼"的原因，就是对自己缺乏足够的信心，因此可以推论，坐在前面的位子有助于建立信心。你不妨试试看，尽量让自己向前排坐。当然，坐前面可能会比较显眼，但你一定要记住，这有利于提升你的自信。

无论何时都正视别人

一个人的眼神，可以透露出很多信息。不敢正视别人的人，常隐藏着自卑感，因为这种行为透露出的信息往往是：我不如你，你太强大了，我有点怕你等。你正视别人，就等于告诉他：我很自信，也很真诚；请你相信我说的话；我光明正大，毫不心虚等。每传递一次这样的讯息，自信就能增强一些。

♥学习日志

在你不自信时，与其想方设法恢复自我的形象，不如找出现在可以做到的事。你可以先记下自己能做到的事，然后迅速实施，这些事可以不伟大、不轰动，只要是自己力所能及的就足够了。待你做完这些事后，你会发现自己的价值。做自己能够做到的事，不仅能突显你的个性，更能增加你的自信！

第二章

哈佛"目标诀"：
方向错了，永远都别想到站

一个人没有明确的目标，就像船没有罗盘一样！

哈佛最成功的人：目标明确

如果你连自己想要什么都不知道，还怎么获得成功？

每当身边的朋友频频成功，或考上了心仪的学校，或赢得了各种奖项，我们总会忍不住回头看自己，并产生这样的困惑：为什么成功的都是别人？为什么自己仍在原地踏步？因为，你没有明确的目标，以致失去了前进的方向和动力，所以只能停留在原地打转！要知道，目标是实现理想的引路灯，唯有在它的照耀下，我们才能看清通往成功的路！

提及马文·鲍尔，也许人们首先想到的便是麦肯锡公司，却不知他还是同时从哈佛法学院和商学院拿到学位的第一人。鲍尔是个目标非常明确的人，自从他跟几位合伙人买下麦肯锡的那天开始，便将公司打造成专业的咨询企业作为目标，为了实现这一目标，他不但始终坚守原则，更努力提升咨询行业的地位。

要知道，在鲍尔将麦肯锡的主业定位于企业战略管理咨询时，管理咨询在美国还是一个不太入流的概念，人们都觉得这是个有点"邪乎"的行业：有些人不相信这种所谓的"专业"；有些人则担心会泄露自己的企业机密；更有些人时刻提防相关人员的参与……以致在那时，美国的精英人士们都鄙视这一行业。

然而，鲍尔却始终坚定自己的目标，选择了为生意人服务的事业，并将为商界提供管理智力上的支持当作目标。此外，他还近乎疯狂地相信：每个执行官都有对政策和管理的建议的需求，而且只要外人具有很高的专业水平，能及时找准了解与解决问题的角度，他们就会乐于接受外人的帮助。为了实现这一目标，鲍尔执意要求客户公司的 CEO 参与，麦肯锡只为 CEO 工作，并只对 CEO 负责。

不仅如此，随着麦肯锡的不断发展，鲍尔进一步设定了更为明确的目标，那就是——只关注最重大问题，只做那些决定着客户公司战略方向或公司经营全局的重要项目。麦肯锡不但因此失去了一部分收益，还在商业圈里落下了"高傲清高"的名声，可即便是这样，鲍尔也不愿意降低自己的目标。

1965 年，有家企业想花 5 万美元的高价，购买麦肯锡公司的一套软件，却遭到了鲍尔的断然拒绝，他说："我们不是卖软件的，我们只为公司董事会提供战略咨询，我们不能把为服务客户而开发的软件又卖给别人，那会有冲突。"

在鲍尔明确的目标的指引下，麦肯锡成了行业中的"标兵"——专业、权威！在麦肯锡家喻户晓的同时，鲍尔也一步一步走向了成功的巅峰！

没有目标的人生就像一艘丢失了罗盘的船，不管有多少人来帮忙，也无论你使出多大的力气，这艘船都很难到达成功的彼岸！确立明确的目标是成功不可少的因素！若将梦想比作一艘巨轮，那么目标就是指引它前进的灯塔。没有目标，所谓的梦想便只是一句空谈，没有任何的意义；而不明确的目标，会令人失去前进的动力，难以到达目的地。

这个世界上，有天资聪颖的人，也有能力超强的人，还有信心十足的人，可即便是百年难得一遇的天才，若没有明确的人生目标，整天漫无目的得过且过，是很难成功的。

马文·鲍尔的成功不是偶然，它是一种必然，漫无目标的漂荡，终归会让我们迷路，而我们心中那座无价的金矿，也会因得不到开采而与平凡的尘土无异。我们不能盲目制订目标，如果目标不符合我们的实际情况，即使再勤劳也是徒劳！

❤ 学习日志

目标的重要性人尽皆知，因为它能帮我们节省不少时间！我们不仅要设立目标，还要给目标制订详尽的计划。需要注意的是，制订目标要结合实际，并随着时间和事件的不断发展做出适当的调整，或者根据现实的需要，制订新的目标，这样才能适应不断变化的环境。

方向不对，再努力都是白费

不要管过去做了什么，重要的是你将来要做什么！

哈佛里有一门课程，被学生评为最值得上的科目之一，这门课程每年都保持着超高的人气，而且还有不断攀升的势头。究竟是什么课如此厉害呢？它就是心理学硕士泰勒·本·沙哈尔开设的课！沙哈尔的课为什么如此受欢迎呢？正是因为他能给大家指明方向！

泰勒·本·沙哈尔教授的人生经历颇有几分传奇色彩：在体育界小有成就的他，选了哈佛大学的计算机系，如今却站在了心理学的讲台上！

这得从沙哈尔教授 16 岁那年说起了！

这一年，足足训练了 5 年的沙哈尔，终于获得了全国壁球赛的冠军。亲朋好友得知消息后，不但为他的胜利欢呼，还举行了一场隆重的"庆祝趴"。然而当派对结束，只剩下沙哈尔一个人时，他却怎么也高兴不起来！怎么会这样？原来早在训练期，他就已经非常空虚，总感觉生命里缺少了点什么似的，整天都闷闷不乐。那时候，忙着训练的他无暇思考这些，更不敢去深究。

面对内心的空虚，沙哈尔觉得还是自己不够努力，于是他再次坚定信念，朝着自己的目标——全国壁球赛冠军前进！他相信，现在的空虚是暂时的，只要把身体和心理都练得足够强大，就能实现自己的目标，届时，欢呼声能填满他的空虚，而胜利的喜悦能让他重获幸福！就这样，他又全身心地投入了训练！

谁曾想，面对胜利，沙哈尔非但无动于衷，竟还有点悲从中来！夺冠的那天晚上，他一个人坐在床上，试图回味一下成功的喜悦，却发现快乐早已悄然离去，心里只有满满的空虚和迷惘，甚至还夹杂着一丝恐惧，眼泪不知不觉地流了出来。他问自己：这是喜极而泣吗？答案显然是否定的，他是难过得哭了出来！因为即使完成了目标，他也感觉不到幸福，更不知道自己今后的路该怎么走！

起初，沙哈尔以为这只是一种错觉，不过是因为幸福来得太突然，自己还没做好准备罢了，过段时间就会适应的。然而事情并没有他想象的那般简单，他的痛苦越来越难以克制。直到一个偶然的契机，他与计算机"邂逅"，他的生活才渐渐有了起色，于是，他放弃了颇有成就的壁球，选择了陌生的计算机！

1992年，对计算机已经了如指掌的沙哈尔，选择了高手如云的哈佛计算机系，那时的他，无论是在学业、社会活动，还是在体育竞赛方面都得心应手，简直可以称得上是达到了人生的巅峰，设定的目标更是一一被其拿下，但他却一点都不快乐。接二连三的选择失误，给了他沉重的打击，为了追寻答案，他开始接触哲学和心理学，没想到竟如鱼得水，他知道，他终于选对了自己人生的方向。

或许在很多同学看来，定个目标无非就是考个好名次、进入名校深造之类的。事实并非如此，对待目标，要慎之又慎，要思考自己要的究竟是什么，是为了获得一份稳定的工作，还是为了赢得更多的荣耀，抑或是为了不白在世上走一遭。唯有先确定了这些，才能找到真正的人生目标，从而避免做无用功。

由此可见，确定目标并没有想象中那么简单，一定要经过深思熟虑，弄清楚自己真正想要的是什么，这样才能制订正确的人生目标，才能选准今后努力奋斗的方向。要知道，方向对了，即使你前进的脚步缓慢了些，那也是在通往成功的路上；若方向不对，就等于背道而驰，只会离成功越来越远。

亲爱的同学们，你期望过上什么样的生活？将来成为一个怎样的人？你最想得到的是什么？……这些问题，你想过没？若没有，那现在就好好想一想！

♥学习日志

　　不可否认，通往成功的路有千万条，但适合别人的未必就适合你，无论有多少人在某条路上取得了成功，都绝不能头脑一热也跟着去。目标就像衣服上的第一颗纽扣，若一个不小心扣错了，那么下面的扣子肯定会跟着出错，而且越是使劲扣，就会错得越离谱！

　　看到这，有人可能会忍不住问：那错了怎么办？答案其实很简单，不要介意出错，能及时改正便好，即使选错目标也别怕，只要更换及时，一切都来得及！

无论目标有多远，先行动起来

不要怕目标定得太高，你可能需要退而求其次！

有了目标，接下来应该怎么做？是制订一个详细而周密的执行计划，还是等待合适的契机出现后再去实施？其实，不要纠结那些没用的，先行动起来！不可否认，实现目标需要经过深思熟虑，但若因顾虑太多而踌躇不前，便会将时间和精力都白白浪费在胡思乱想上，本末倒置。

其实，很多人并非是不想行动，而是害怕自己无论做什么，都实现不了那个遥远的目标。殊不知，行动的力量远远超乎我们想象，它不但能带领我们迈向成功，还可以将"不可能"变成"可能"！

回忆哈佛的求学时光，王萌只记住了一句话："目标不是一句口号！"

王萌做事有点"太过周密"，任何一项学习任务开始前，她都会前思后想地考虑大半天，待她理清思路后，才会去贯彻执行。

　　王萌很早的时候就给自己制订了一个目标，那就是要进入哈佛商学院！为了实现这个目标，她为自己设定了一系列的学习计划，随着学习过程的深入，她还会及时调整自己的计划，只不过因为性格的关系，每一次调整计划都会耗费很长时间，直到她将计划中的细枝末节之处也考虑周全了，才会开始付诸行动，这就导致当她开始实施计划时，却早已落后了其他同学一大截。

　　王萌全然没发现自己的这个缺陷，在她看来，要想实现目标，就必须制订计划，而且计划一定要周详、具体，不能放过任何一个细节，这样实践起来才能达到理想的效果。然而事实证明，王萌的想法是错误的，将过多的时间浪费在制订计划上，她的效率和执行力大打折扣。在一次模拟考试中，王萌的成绩很糟糕，这对她的打击很大，看着自己的目标渐行渐远，她不得不冷静下来，思考自己失败的原因。就在她苦苦思索失败的原因时，导师的一席话让她恍然大悟！

　　偶然的一天，导师看见王萌正对着计划表发愁，导师观察了一会后对王萌说道："王同学，我觉得你可能是钻牛角尖了。我们是应该看重计划，但不能忽视了效率和执行力。计划应该放到行动之中去完善，而不是一开始的时候就完全敲定，在一件事还没开始做的时候就想着把后续的计划都制订好是不科学的，你觉得呢？"

从那以后，王萌不再诸多顾虑，她将时间和精力转向了行动，而是在实践中去学习、去揣摩。就这样，她掌握了不少学习的技巧，最后更是以优异的成绩进入了哈佛商学院！

人生的机遇可遇不可求，倘若我们一味地沉浸在幻想之中，没有丝毫的实际行动，那拿什么去改变命运、获取成功呢？有些同学总觉得，即便自己当时没立刻行动，那种激情和冲动也会常伴左右。然而随着时间的流逝，我们的信心会衰退，意志会消沉，目标会模糊，这时就算你想行动，也办不到了！若不想让自己发出"如果当初……"的感叹，就要勇敢地行动，不要前思后想，犹豫不决，而要从现在开始，提升自己的执行力，用实际行动去获取成功！

所以，亲爱的同学们，无论你的目标有多高、多远，也不管它最后能不能够实现，趁精神尚饱满，斗志仍昂扬，热情还犹在，撸起袖子先行动起来！

💕学习日志

在现实生活中，不少"行动派"充满了干劲，每天都像打了"鸡血"般，为了目标马不停蹄地努力，可到了最后，他们非但没实现目标，反而还离梦想越来越远了，这是什么个情况？原来，盲目行动的他们，早已偏离了目标的方向！

的确，目标需要用行动去实践，但前提是必须围绕它来进行，否则无论你再怎么行动，都是在浪费自己的时间和精力！对此，应该定期查看自己努力的成果，并在行动中不断地调整计划，使其更符合目标的要求。换而言之，即根据自身和环境的变化，以目标为准则，灵活地去行动！

把目标"切开"，才能大口地"吃"

那些成功的人，都是化整为零的高手！

要想实现自己的目标，必须先学会"化整为零"！实现目标的过程中，既不要去想你做过的那些，也别管你还没做的部分，尽力把现在的做好就行！哈佛人朱成更是凭借这个，成为哈佛大学教育研究生院历史上首位中国籍学生会主席！

生于宁波、长在北京的朱成，既有着北方人的爽朗，又不失南方人的细腻，正是这种"南北结合"的性格，让她比同龄人更活泼，更易接受暂时的失败！

要说朱成收获成功的真正功臣，那就非她的父母莫属了！在他们看来，目标是必须要有的，只不过，没必要弄得那么"远大"：因为太"远"了不现实，有等于没有，不利于孩子的实际操作；而太"大"了完不成，容易打击孩子的自信心。

所以，他们从不跟朱成谈什么"远大"的理想，给她制订的目标也十分简单，她只需要"踮个脚尖就能摸到"了，甚至连"跳"都不用"跳"一下。

刚上学那会儿，朱成太过顽皮，在连续三次换幼儿园后，父母不得不提前一年送她去小学。不过朱成毕竟年龄小了点，不久，她跟同学们的差距便暴露无遗，尤其是在体育方面，个子最小的她，每次跑步都被别人甩在最后，这让好胜的她十分沮丧。对此，父母安慰之余，还给她支了个妙招：你的目标是只追前一名！

在父母的指导下，朱成把这种"化整为零"的目标术，也用到了自己的学习中。第一次考试后，她的成绩不太理想，只达到班级的中游水平，她除了难过，更多的是着急。对此，父母非但没有责怪她，还安慰道：没事，你前面的路还很长，咱不慌，一步一步慢慢来。而对于具体要求，他们还是那句话：能追上前一名就好。只要朱成每次考试都超一个，到了六年级，那也是成绩斐然！

面对一个个的小目标，朱成表现得胸有成竹，毫无压力的她不仅心态好，学习起来也不急不躁、有条不紊，每一步都走得相当稳。再加之追上前一名并不难，只要多努一把力就能办到，所以，她不但非常努力，还很容易就坚持了下来。在小目标的激励下，她每次都能令人惊叹！

看到这，有些同学可能会抱怨自己的父母，其实大可不必如此，因为即便没有父母的从旁指引，我们也照样能像朱成那样把目标"切开"来"吃"！要知道，学习毕竟是自己的事情，若有人能助我们一臂之力，那自然是再好不过，如果没有，那就得自己动一动脑子了！

的确，任何目标都不可能一蹴而就，尤其是那些美好、远大的目标，往往需要付出超乎想象的努力，以致很多人在实现的过程中，都败在了现实的手里。其实他们也不想半途而废，只是这目标太难达成，总觉得成功遥遥无期，再加之身体和心理上的倦怠，都逼着他们不得不选择离开。殊不知，就算你的目标比天还大，只要把它像"切"比萨那样，分成一小块一小块的，还怕"吃"不了吗？

对此，有人可能会问了：那具体怎么做？很简单，就像哈佛女孩朱成那样，别整天老想着要上哈佛，先把今天的目标确定下来，或是把这个星期、这个月、这一年的目标定下来，然而撸起袖子加油干。这样，待到你搞定所有目标后，便会发现成功已近在咫尺！至于完成目标的时间，你可以视自身的情况而定。

不过也不要把目标分得太小、丝毫不费力就能实现，如果这样，上哪儿去找自信、上哪儿去找动力，又上哪儿找成就感去！所以，亲爱的同学们，在分解大目标时一定要"量身定做"，把它放在比自身能力高出那么一丢丢的位置上！

♥ 学习日志

在实现目标的过程中，有些人一门心思都扑在了小目标上，时间一长，竟一个不小心耽搁了终极目标，这可不是什么好事，相当于捡了芝麻，却弄丢了西瓜！

那么，怎么才能始终朝着大目标前进呢？对此，我们来看看哈佛女孩朱成的父母有些什么建议：每次完成目标后，要根据具体情况随时修正目标，做到可上可下。也就是说，每实现一个小目标，都得再回头看看那些小目标，对它们做出适当的调整和修正，以确保它们一直围绕着终极目标上下浮动！

如何设定目标

拥有明确的目标，并不断地向该目标前进！

目标是什么？它是懈怠时的闹钟，能把你从懒惰中叫醒；它是疲惫时的绿洲，能让身处沙漠的你看见希望；它是受挫时的阳光，能帮你驱散满天的阴霾……是的，目标就是这么神奇的存在！

走进哈佛大学，无论是墙上挂的，还是教授嘴里说的，甚至连学子之间流传的，都与目标息息相关："一个没有目标的人，就像船没有罗盘一样""缺乏明确目标的人，一生将庸庸碌碌""坚定的目标是成功的首要原则"……在哈佛人看来，一个远大的、美好的人生目标，不仅能激励自己、鞭策自己，更能唤醒斗志，获得精神上的力量！

在美国的一个小镇上，有个名叫约翰逊的小伙子，在他上中学时，父亲就发现了他的商业天赋：把家里的空饮料瓶做成小摆件，周末拿到集市上去卖钱；为学校义务除草、修剪树枝，给自己加分的同时，还带着工具去附近一些邻居家顺便赚点外快……父亲心里清楚，这些都不过是小聪明，若想成为一名真正的商业巨头，约翰逊需要的不仅仅是社会阅历，还有专业的商业知识与经商技巧！

于是父亲找约翰逊进行沟通，谈话间，约翰逊表达了对成功商人的向往，并在父亲的帮助下，制订了一系列的计划，来帮自己实现商界精英这个目标。

按照计划，约翰逊首先得拿下理工科的学士学位，为今后展开商业活动储蓄必备的专业知识。对此，他把目光投向了哈佛大学，并选择了攻读其最基础的机械制造系。通过学习，他对产品性能、生产制造都有了深入的了解，不但培养了自己的知识技能，还建立了一套严谨的逻辑思维体系。不仅如此，在哈佛的那四年，他还选修了一些相关的专业课，如电工、电子、化学、建筑、力学……

其次，向哈佛经济学的硕士学位发起进攻，为将来经商奠定坚实的基础。所以，约翰逊又用了 3 年时间，去学习商业的社会地位与作用，去了解影响商业活动的因素，去掌握经济学的专业知识。与此同时，他还花费大量的时间和精力，熟悉了经济法的相关规定，更是将经济管理这门学科“修炼”的炉火纯青。

转眼，就到了跟哈佛说“再见”的季节，根据计划的安排，约翰逊接下来要做的是：积累自己的社会阅历。于是离开哈佛后，他没急着去经商，而是在政府机构做了 5 年的公务员。经过整整五年的历练，约翰逊已经从一个青涩稚嫩的愣头青，脱变为一名深谙世事却不世故的"老江湖"。值得一提的是，聪明的他还利用各种机会广交各界好友，为自己编制了一张"四通八达"的关系网。

终于到了计划的结尾，约翰逊得熟悉一下业务，掌握一点商业技巧了。正如日中天的他挥别同事后，就跳槽去了一家国际大公司任职。在短短的 2 年时间里，约翰逊已学会了各种商务技巧，也摸清了行情。他觉得实现目标的时候到了，便谢绝了公司的高薪挽留，自己创办了一家商贸公司。

就这样，约翰逊踏上了梦寐以求的经商之路，很快实现了自己的商业梦！

如果你认为，设定目标只是单纯地写几个愿望，那就大错特错了，因为除此之外，还得像约翰逊那样，拿出一系列的实施计划，否则目标便是空谈，甚至永远都不可能实现！

可见，设定目标远比我们想象的复杂，它不仅需要准确定位自己将来的发展方向；而且必须科学规划、合理安排；甚至在必要时，还得做出适当的调整……

那么，目标该如何设定呢？

不能抽象，越具体越好

很多人在定目标时，都喜欢写什么要考上好大学，殊不知，这样的目标太模糊，过于抽象，世界上好的大学比比皆是，你想进的到底是哪一个？这时，也许有人会说：那我把目标定在哈佛总可以了吧？这也不够具体，要知道，哈佛可不仅仅只有一个专业，你是想攻读商学院的MBA，还是想进法学院、设计学院、教育学院呢？所以，亲爱的同学们，一定要把目标具体化，越具体越利于实践！

从易到难，起点别太高

俗语有云："万事开头难。"每个人初做一件事，不仅要抵挡对未知的恐惧，还会遭遇各种阻碍、困难以及挑战。目标亦是如此，就算已经有所准备，但在刚开始时，照样会千头万绪、无从下手。倘若定的起点太高，那么一而再、再而三的失败，便会消减我们的热情、自信和斗志，目标也会变得难以实现。所以制订目标一定要从易到难，好让自己慢慢地渐入佳境！

该变就变，不能一根筋

是的，目标可以帮我们实现梦想，可若我们的行动完全按部就班，那么我们的创造力就会相应缺失，从而变得刻板、教条，甚至还会给实现梦想带来很多障碍。实际上，人生真正不变的恰恰是变化本身，所以千万不能一根筋，即便定好了目标，该变的时候还是得变，如果你意识到目前的目标，不仅难以实现，而且已经不是你想要的那些了，那么就完全可以考虑对目标做适当的修改。

定个期限，灭掉你的懒

人总有一种"惰性"，面对目标，一帆风顺时都想偷个懒，更别谈遭遇困难和阻碍之时，即便是有办法解决问题，也会找各种借口拖延，好让自己能放松一下。对此，若在设定目标时，能先把完成的时间定下来，给自己戴个"紧箍咒"。

♥学习日志

不知是出于挑战心理，还是对自己太过自信，有些人把目标定的特别离谱。没错，志向远大的确是件好事，可也得量力而行不是，否则还没等进入状态，现实就会将你打得稀烂！在通往成功的道路上，一切都得从实际出发，别做那些超过自己能力范畴太远的事，已经有无数人证明：好高骛远的下场，没有最惨，只有更惨！所以，在设定目标时，千万别忘了现实这道"坎"！

对此，哈佛大学就经常教育学子们：要想制订准确的目标，首先要能准确地评估自己的能力！所以，哈佛人在设定目标时，都会从自己的实际能力出发，先认清实现目标的基础，后分析自己是否具备这种基础，再预测目标与基础之间的距离，并判断自己有没有能力消除这距离，只有做完了这些，他们才真正开始制订目标。

第三章

哈佛"恒心课":
比学习更重要的是坚持学习

许多人只需要多坚持一分钟,多做一次努力,就能反败为胜!

哈佛大学到处是"忍者"

很多人只需要再多坚持一分钟、多做一次努力，就能反败为胜！

现实生活中的哈佛人，是百炼成钢的"忍者"。一些哈佛学子曾在镜头下坦言压力太大，除了沉重的学业外，还有父母的殷切期望和社会的严峻考验。他们深知，顶着哈佛的"光环"，即便将来不能当上总统获得诺贝尔奖，也要成为一个优秀的人物，否则，怎么跟父母交代，又拿什么再回母校！

学子们一踏进哈佛的门槛，便不敢有半点松懈，因为有无数辉煌的成绩，在时刻提醒着他们，谁都不愿被人潮淹没。

如果要在这些哈佛"忍者"中挑出一批强者，那就绕不开道恩·洛金斯！

道恩·洛金斯，这位女孩的经历，简直就是一部感人肺腑的励志片！

　　洛金斯的童年时光，可以用一个字来概括——惨！家里穷得叮当响的她，不但要永无休止地搬家，而且饿肚子也是家常便饭，更要命的是，她还摊上了一对吸毒的父母！在她的记忆中，自己那个烟雾弥漫的家几乎没干净过，因为每次她整理好房间，不一会儿便又会一片狼藉，有时甚至会比之前还乱。

　　居住在贫民区的她没有自来水，每天都要和年幼的弟弟去公厕提水；吸毒的父母从没给过她关爱，他们心情不好时，还会没来由地毒打她一顿；为了节约用水，她很长时间才洗一次澡，有时甚至几个月都不能洗；为了维持生计，小小年纪的她只能捡些破烂来卖……

　　对于一个家里穷、父母又是"瘾君子"的孩子来说，学习是件比登天还难的事，且不说学费、书本费这些钱从哪儿来，仅仅在哪里学习这一项，就已经够让洛金斯头疼的了。即便如此，她也没想过放弃学业，无论环境恶劣到哪种程度，她始终都坚持不懈地学习，她的身影曾出现在路灯下、走廊里、地铁站……

　　幸运的是，洛金斯的坚持感动了老师和同学们，他们送了她一些蜡烛，并提供学校更衣室给她洗澡，在他们的帮助下，她终于不用再为缺水和学习的地方发愁了。这一切对于洛金斯而言，已经是天大的恩赐了。就这样，洛金斯在昏暗的光线下，不仅啃完了那一册册课本，而且还取得了不错的成绩。

　　高三那年，父母终究还是遗弃了洛金斯，孤身一人的她依然坚持学习。这时，好运再次降临，一户好人家看中了她，不但愿意收留她，还把她当作亲人来看待。在"家人"的关怀下，她的成绩突飞猛进，以优异的成绩和卓越的表现，获得了哈佛的青睐，哈佛提供的全额奖学金，使她终于不用再为学费从哪里来而担忧了。开学那天，脸上挂着自信的她，神采飞扬地迎接大学生活的到来！

可以说，洛金斯的这些经历，几乎具备了励志教材的所有元素——主角悲惨的命运、坚持不懈的奋斗，以及一路伸出援手的陌生人。让人惊叹的是，洛金斯在如此恶劣的环境下，没有选择放弃，这份意志和忍耐力着实令人钦佩！

不可否认，忍耐和坚持常常伴随着痛苦，但只要我们能继续向前的步伐，便能像洛金斯那样与成功并肩！人生在世，岂能事事尽如人意，何不用坚持忍一时的苦痛，来换取一世的幸福；面对无休止的欲望，何不用坚持忍一时的煎熬，来换取最大的满足；面对突如其来的苦难，何不用坚持忍一时的艰苦和辛酸，来换取一生的欢颜。请牢记：坚持虽苦，却是通往成功的必经之路！

对此，在哈佛大学的"幸福课"上，沙哈尔教授曾说过：命运喜欢捉弄人，但是如果我们身怀忍耐和坚持这种大智慧的话，不管未来有多少不确定性，也不管面临多少苦难和艰辛，都不会被打倒！很多人之所以失败，并非是他没才能、无胆识或不够优秀，而是没有坚持到最后一刻，就像沙哈尔教授所说的那样，成功其实很简单，只要你能比别人多坚持一会、多忍耐一下、多努力一次即可！

♥学习日志

　　所谓"忍耐力"，说白了就是冷静处理问题的能力，一些人或许在顺境时还能做个合格的"忍者"，可一旦面对逆境，内心的"小恶魔"便会跑出来捣乱，届时，即使想再坚持一下，往往也很难做到。不过有些人就能挺到最后，这是为什么？很明显，他们训练了自己的忍耐力！

　　怎么训练自己的忍耐力呢？首先，从性格入手，让自己学会遇事先理性地分析，从而避免因一时的冲动，做出错误或令自己后悔的选择；其次，尽力不与困难正面"交战"，而是先避一避它的锋芒，待找到解决的方法后再迎头痛击；再次，考虑自己所面临的环境，权衡进退之间的利与弊，然后做出最有利于自己的选择……

坚持很简单，每天做好一件事

做多少事是一回事，做事的质量和成效又是一回事！

在很多人看来，坚持就像一幅抽象画，虽然看上去很美，但要想参透它真正的含义，却并非易事。的确，坚持不仅需要超凡的毅力和耐力，还需要有坚定的信念，这些听起来似乎很难，而实际上，只要我们能每天做好一件事，便很容易坚持到最后。一个人的精力是十分有限的，与其把它分散到好几件事里，不如集中在一个焦点上，这才是最明智的选择！

每天集中精力完成好一件事！哈佛女孩胡馨月便是如此坚持自己的梦想，最终获得了成功！

坐在哈佛图书馆里的胡馨月，看了一眼落地窗外宜人的景色后，便迅速翻开了桌上那已经垒成堆的书，她深深地吸了一口气，将自己继续置身在书海中。曾几何时，还在复旦大学跟同学们嬉闹的她，已经被哈佛大学教育专业录取，成了研究生一年级的学生。回想起为上哈佛努力的时光，她的神情异常坚定。

胡馨月就读的中学在成都非常有名，当时备受关注的哈佛女孩刘亦婷，便是在这里毕业的。胡馨月上初一时，刘亦婷刚从学校毕业，老师每每都会拿这位学姐的故事来激励学生，别人听完都是"羡慕、嫉妒、恨"，可好胜的胡馨月却没有如此，她骨子里不服输的劲儿，"噌"地就上来了："她能去，我也能去！"

为了实现"哈佛梦"，胡馨月把自己的精力都放在了学习上，只不过，她并没有像无头苍蝇那般，这里学一点、那里学一点，而是每天给自己设定一个学习计划，然后努力地去完成。比如，昨天重点学习了英语的过去式；今天的任务便是搞定数学公式；而明天则要在作文上多花点时间……就这样，通过每天不断地积累知识，她在高考中取得了优异的成绩，并被复旦大学英语文学专业录取。

虽然胡馨月觉得复旦大学也很厉害，但心里却依然惦记着自己的"哈佛梦"，于是，她早早地便开始为出国留学做起了准备。只不过，她发现身边很多想出国的同学，起初都充满干劲，不是去考 GRE、托福，就是去找中介，可一旦找到份不错的工作后，他们便渐渐失去了热情，有的人甚至放弃了申请。

对此，胡馨月却一直在坚持自己的梦想。她从大一就已经开始做准备了，每天除了学习外，她还努力训练自己的英语表达能力。终于在 2009 年，她同时被哈佛大学、哥伦比亚大学、宾夕法尼亚大学等七所顶尖名校录取，而她则毫不迟疑地选择了完成自己的梦想——成为一名哈佛人！

现实生活中，不少人都像胡馨月一样，将哈佛当作自己的奋斗目标，可结局却是：胡馨月已经从哈佛毕业了，他们还停留在去哈佛的路上！为什么会这样？因为他们没有胡馨月那种坚持！今天遇事停一停，明天难过歇一歇，自然是得不到哈佛的青睐了！

只要每天坚持做好一件事，日积月累便能赶上成功的脚步！

纵观历史，那些在各自领域获得成就的人，也皆是懂得集中精力，并持之以恒的人：对律师情有独钟的李斯特，每件案子都会全身心地投入，结果他成了美国最伟大的律师之一；林肯为了追求"平等"，致力于解放黑奴，后来他成了美国第 16 任总统；失明又失聪的海伦·凯勒，每天都专注于学习说话，最终她成了享誉世界的作家、教育家、慈善家、社会活动家……

对于坚持来说，事不在多，而在于专。有些人每天做很多事，却没一件做得出类拔萃，一遇到困难便放弃；有些人一生做过很多事，却没一件能让他功成名就，一个小小的打击都扛不住。他们为什么会如此失败？因为做多少事是一回事，做事的质量和成效又是一回事。如果我们10件事都做不好，那么就把精力集中到一个焦点上，专心地去做一件事吧！

是的，亲爱的同学们，坚持就是这么简单，只需要你每天做好一件事！

❤学习日志

　　有些人觉得既然坚持这么简单，那就赶紧实践起来吧！于是，每天他们都抓住一件事使劲地干，即便已经完成得很好了，他们也不依不饶地推倒重来，非但没学会什么是坚持，反而还白白浪费了不少时间。这是个什么情况？很显然，问题出在对"每天做好一件事"的理解上，他们没弄明白这话的含义！

　　要知道，这里所说的"每天做好一件事"，并不是每天就真的只做一件事情，而是说做事不要三心二意，要把时间和精力都集中在一点上。有些人之所以能坚持到最后，是因为他们对每件事都会投入百分之百的精力，在他们看来，唯有全身心地投入其中，才能不惧任何的困难和阻碍，从而做到持之以恒。

无论如何，都要保持平常心

保持一颗平常心，去享受无法回避的痛苦吧！

面对阻碍，哈佛人会怎么做？他们会镇定地思考对策，直到消除阻碍；面对失败，哈佛人会怎么做？他们会冷静地分析原因，以避免下次失败；面对痛苦，哈佛人会怎么做？他们会从容地一笑而过，然后继续自己的生活……坚持是一个漫长的过程，它不但需要强大的意志，还需要忍得了失败、扛得住阻碍！

在坚持的道路上，常常会遇到阻碍，你若因此停滞不前，便永远都到不了成功的彼岸，而要想事事顺心如意，就必须保持一颗平常心，做到"不以物喜、不以己悲"。那些对"坏"和"悲"念念不忘的人，到头来深受其害的还是自己：时间因你的伤痛浪费了；生活因你的坏情绪打乱了；坚持因你的放弃泡汤了；成功因你的暂停走远了。何必要把自己搞得如此狼狈呢？

对此，从哈佛大学经济管理学院毕业的威尔逊就深有体会！

走出哈佛的校门，威尔逊并没有像其他同学那样，去大公司或自己家族的企业工作，而是选择了一家不太知名的小广告公司任职。对此，他身边的朋友们都十分诧异，每每问及此事，他总会这样回答："是金子总会发光的，不管在哪里做事，也不论将要做的是什么事，只要保持一颗平常心，就不用害怕失败！"

威尔逊刚入职时，上司便告诉他："跑业务的人，心态一定要好，否则什么事都干不了！"于是，他带着上司的这份"忠告"，开始了自己的销售之路。

作为一名职场新人，威尔逊一没技巧，二没人脉，为了能按时完成任务，他通过搜索资料，列出了一份客户清单，其中大多数都是没有合作意向的人，甚至还有压根就不想跟他们公司谈的，但威尔逊还是一个一个地拜访了他们。他用了整整两个星期的时间，终于把那帮"没意向"的客户全部拿下，还跟两个"不可能"的客户达成了协议，最后他就只剩一个客户还没搞定！

对于这一个仅剩的客户，同事们都劝威尔逊放弃："你这个月的任务已经超额完成，有没有他都无所谓了！"可威尔逊却并不这么想，他觉得应该坚持。

于是，每天一大早，威尔逊便来到这位客户家中，见面后，他没有急于跟对方谈生意，而是像朋友那样闲聊，直到临走时他才拿出合同。即便如此，客户每次的回答也都是"NO"！值得一提的是，无论客户怎么拒绝他，他都毫不在意，第二天照常按时出现在客户的家中。就这样，威尔逊足足坚持了一整个月。

在这 30 天里，威尔逊被无情地拒绝了 30 次，当他第 31 次去拜访那位客户时，客户十分不理解，同时又充满了好奇，便问他："年轻人，你已经浪费了一个月的时间来让我买你的广告，我很想知道你为什么要坚持这样做？"

听完这话，威尔逊笑着说："这段时间我一直都在学习，怎么能算浪费呢！老师，不是您在训练我如何在逆境中守住坚持的吗？难道您忘了？"客户听完他这番话，忍不住"扑哧"一笑，连连称赞他的心态实在是好！终于，威尔逊凭借自己坚韧不拔的精神打动了客户，将最后一个"不可能"的客户也拿下了！

"坎坎坷坷人生路，曲曲折折成功梯"，人总是在暴风骤雨过后，才能看见最绚丽的彩虹，倘若我们因害怕风雨，而躲进了温暖的避风港，又怎会欣赏到这难得的景致。没有谁天生就具有抗击打的能力，也没有谁生下来就注定能坚守梦想，要能获得常人不可企及的成就，就要有一颗无所畏惧的平常心，对任何遭遇都能淡然处之，从而坚持到最后一刻！

创造奇迹的成功者们，皆懂得以平常心去面对人生，不信你瞧：是谁在经历上千次失败后，给人类带来了光明？是锲而不舍的爱迪生；是谁在"吃"了无数闭门羹后，成了美国最伟大的总统？是百折不挠的林肯；又是谁把自己深埋在实验室，屡屡受挫后才发现了镭？

是坚持不懈的居里夫人！他们若是患得患失的人，又怎么可能坚持到最后！

所以，成也好、败也罢，请保持一颗平常心，让学习更有韧性吧！

❤学习日志

何谓"平常心"？就是坦然地面对成功与失败、得到与失去、荣誉与耻辱！把平常心和坚持摆在一起最合适不过了，因为只有无惧失败、不怕失去、能忍耻辱，且不会被暂时的胜利冲昏头的人，才能始终坚守着自己的梦想！

培养你对学习的兴趣，只要它能成为你的一种爱好，那么小小的打击压根就不会被你放在眼里！事实正是如此，对于自己感兴趣的事，即便是受挫了、失败了，或是遇到阻碍了，我们也会继续干。

若真坚持不了，不妨默数到最后一秒

失败和暂时的挫折有极大的差别，了解两者的不同，才能成功！

当一波又一波的打击接踵而来，你的内心是否会有些许动摇呢？那些回答没有的人，说的可未必是实话！不管是多坚强的人，都有内心脆弱的一面！不过有些人面对接踵而至的困难，若真的坚持不了，会在心里默默地数到最后一秒，因为他们知道，唯有战胜了自己的内心，才能拥有足够的勇气和力量，去对抗失败的"夺命连环击"！很多时候，我们并不是输给了失败，而是输给了自己的内心，那些内心强大的人，即使一直都在遭遇失败，也能坚持不懈地为理想奋斗。

高中毕业后，小娟踏进了心仪的北大校园！她非常兴奋，她下定决心，要在这里更好地提高自己，以便为出国留学做准备。上大一时，她便为这一目标而奋斗：每天早早起床，然后找个空旷的地方记单词、练习口语发音；下课回到宿舍后，她会待在宿舍做阅读笔记，或窝在自己的小床上，翻看从图书馆借来的资料；到了周末，她会泡在图书馆里翻阅资料，直到关门才离开。

可是在大三时，小娟因一场意外的车祸，被迫休学。想起自己这几年的努力，不服输的她依然坚守着理想，虽然她每天都躺在病房里，却从未停止过学习：早上起来练英语；上午自学专业课；午睡过后做练习题；每天坚持睡前阅读……她就这样度过了半年的时间。

随着身体逐渐康复，小娟又重返校园。重新回归的她，继续为自己的目标奋斗，她本以为凭借自己的自学，应该能跟得上同学们的节奏，但事实证明，她的想法是错的，试卷上并不理想的成绩在告诉她：自学与在学校里学习完全是两码事！

面对接二连三的打击，她很难过，内心也有点崩溃。不过小娟却并没有因此而放弃梦想，她默默地告诉自己：无论如何，一定要坚持下去，不然之前的努力就全都白费了！为了能尽快跟上大家的脚步，她决定主动寻求老师们的帮助，在老师的指导之下，她终于明白了问题所在：原来，她自学的知识只是浮于表面，并没有真正的消化和理解，以至出现了阻碍。

于是小娟开始利用空余时间进行恶补，遇到不懂的就去问老师和同学们。经过一个学期的磨合，她终于跟了上来，而且勤奋好学的她还获得不少老师的喜爱。

经过导师指点的小娟，在校期间小有成就，发表了数篇有价值的论文，而她凭借着自己坚持不懈的奋斗，也终于获得了去哈佛大学深造的机会!

面对成功路上的种种阻碍,真正能够打败我们的,其实只有我们自己。只要我们坚持不懈地继续努力,谁能断定最后胜利的就不能是我们呢!当遭遇挫折时,很多人第一时间想到的,便是自己曾经的付出与努力,继而感到非常的痛苦和委屈。我们应从问题的实际要求出发,即使意志受到情绪的干扰,也要及时认清现实。

很多时候,我们之所以过不了心里那关,是因为受到了太多外界的干扰,那些不屑的态度、讽刺的话语、过分的行为,就像一根根小刺扎在我们心上,即便我们想再坚持一下,也会被心里的刺折磨得动弹不了!内心强大的人可不吃这套,他们只信奉:"成功招揽成功,失败招揽失败";"如果你尽力而为,失败并不可耻";"请享受无法回避的痛苦"……

生活中的我们,往往过于在意失败的痛苦,以至于渐渐忘了要去成功。例如,你一不小心考了个倒数,惹得朋友们大笑,你恨不得找个地缝钻进去,并觉得所有人都在看自己。殊不知,这件事对别人而言,不过是个小小的插曲罢了,他们笑过之后,早就把它忘得一干二净,可能只有你自己还耿耿于怀、念念不忘。

人生路上,"妖魔鬼怪"何其多,若每次都跟它"纠缠不休",又如何能取得"真经"?你的眼泪,只会让失败觉得你好欺负,从而变本加厉,可你若能在坚持不住时,默数到最后一秒,那么,你就离成功不远了!亲爱的同学们,别再跟失败"较劲"了,趁早忘了这茬,继续坚持吧!

💘学习日志

　　生活中不少人都有过这样的经历：明明前一天放好的袜子，大早上起来却怎么也找不到，于是又重新拿了双新的；明明是自己收拾的屋子，却忘了新买的那本书放在哪儿了，于是决定先干点别的……没错，遗忘是人的一种本性，可不知道为何，失败的经历却总叫人难以忘怀，倘若我们能尽快忘掉失败的痛苦，那么我们的生活便会更加幸福，也就更容易长久地坚持了！

　　在人生的旅途中，很多人能忘记失意时的窘迫和尴尬，却怎么也忘不了失败后的愤恨和耻辱。学会适时地放下，它便会随着时间的流逝，消失在过往的长河之中！要乐于忘怀，坦诚地面对生活！我们应学习忘怀之道，让心灵和精神的活力得以再生！

怎样培养坚强的意志

不要因一时的挫折和失败而停止尝试！

假如老师要你每三天读完一本书，而每本书至少有三五百页，并且读完后还得写一份阅读报告，你会怎么做呢？很多同学可能会觉得老师是在故意刁难自己，因为这根本就是个不可能完成的任务！殊不知，哈佛大学的教授就是这样要求博士生的，而博士生们不但做到了，有的甚至还会超额完成！不要太惊讶，哈佛人每天真正的学习量，可比这大多了！

尽管哈佛的学业压力巨大，但学子们却从未想过放弃，除了偶尔会抱怨几句外，他们的时间和精力都交给了学习。哈佛人告诉自己最多的一句话，便是：再坚持一下就成功了！也正因为如此，他们的意志力比钢铁还硬，他们深知强大的意志力是成功的基石，唯有以它做后盾，才能克服重重困难，坚持到夺取胜利的那一刻！哈佛学者张扬便是一路坚持，才获得了成功！

　　张扬出生在湖北的一个小城市，高三时，他像同龄的孩子们一样，都想借助高考来改变自己的命运。谁知命运却跟他开了个"小玩笑"，高考结束后，他的成绩并不理想，无奈之下，他只能与自己的理想大学挥手告别，成了华西师范大学的一名学生。对此，他既不服气，也不甘心，更是将目光投向了国内的顶级名校——清华大学！他告诉自己，一定要到清华大学去读研究生！

　　然而张扬的"清华梦"却卡在了英语上，为了提升自己的英语水平，他去了人才济济的"英语角"，可面对那些出口成章的同学们，他连一句最简单的"Hello"都说不出口。即便如此，他也没有选择放弃，而是意志坚定的"扛"了下来。接下来的日子里，他为了让自己能尽快融入英语的世界，每天不是在路灯下苦读英文，就是抱着破旧的录音机苦练标准发音，一刻都不敢松懈。

　　终于，在大三那年，张扬捧回了"全国大学生英语竞赛"的一等奖。攻克英语这个难关后，他又靠着这股强大的意志力，考上了清华新闻系的研究生。

　　进入清华不久，张扬就被新东方集团一眼相中，聘为兼职老师，而他凭借出色的英语水平和满腔热情，25岁的时候便成了"新东方集团优秀教师"，并赢得了近20万名学生的拥护。可一回到清华校园，他就十分落寞，因为在这群拔尖的人才中，他很难找到成就感，于是他把精力转向了出国留学。

谁知这却给张扬带来了更沉重的打击，他不仅在雅思考试中连栽三次大跟头，而且去英国、法国名校留学的申请也相继被拒。面对接二连三的失败，他没有气馁，反而越挫越勇，始终都在坚持不懈地努力。终于，他用出色的表现争取到了出国机遇，在路透社、美国外交官、清华导师的联合推荐下，哥伦比亚大学、斯坦福大学、耶鲁大学、哈佛大学等7家名校都向他抛来橄榄枝！

从哈佛归来，张扬不但受世界顶级投资机构之邀，担任顺顺留学的CEO，而且还在意志力的推动下，深入研究了欧洲数国的教育，成为一名睿智的学者！

若没有强大的意志力作后盾，屡屡遭受挫折和打击的张扬，势必无法坚持到成功的来临，即便他能在热情的激励下扛得住一时，也终究逃不过半途而废的厄运。对于哈佛人来说，意志力是一种不达目的誓不罢休的信念，拥有了它，便能在成功的路上所向披靡，任何艰难险阻都挡不住他们前进的脚步。

人的意志力究竟能有多强？也许没人知道答案，但哈佛人已用实际行动告诉了我们——成功需要巨大的意志力！无论你相不相信，意志力的神奇魔力都摆在那里：它能在你最想放弃的时候用力推你一把，帮你熬过最艰难、最脆弱的时光，让你的人生一路"勇往直前"；它能在你最想逃避的时候赐予你力量，助你捅破"苦难"这只纸老虎，让你可以坚持到柳暗花明的那一天。

只不过，坚强的意志不会从天而降，怎样培养坚强的意志呢？

动机很重要，许个你最想完成的心愿

所谓"意志力"，其实就是人的一种心理活动，只要我们能战胜自己的内心，那些困难、挫折、失败什么的，便没那么可怕。当然，内心也没那么容易对付，虽然它是属于我们的，却并不受我们控制，有时甚至还会跳出来跟我们作对。对此，不妨许个最想完成的心愿，用"渴望"诱导出心里的意志力，必要时还可以再加点"诱饵"，如表扬自己、买个小奖品、延长娱乐时间等。

兴趣不可少，朝着你的最爱奋勇前进

很多人都不知道，其实兴趣是意志力的"门槛"，它能有效激发人体内的毅力。事实证明，只要我们对正在干的事情感兴趣，即便是遭遇了困难和阻碍，也会义无反顾地坚持下去。在培养意志力时不能缺少兴趣，我们大可以先从自己的最爱下手，然后再向爱得不太深的发起进攻，一路朝着自己的兴趣奋勇前进，久而久之，就算不能练出个"至死不渝"，至少也能落得个"不离不弃"。

人多力量大，让亲朋好友都来监督你

俗语有云："人多力量大"，一个人的力量毕竟有限，更何况培养意志力这活儿，还是让自己看管自己，有时难免会瞬间"凌乱"。所以，与其看自己跟自己"打架"，不如多找些人来帮忙，比如请父母来监督自己，

或在 QQ、微信、微博上公开信息，让朋友们都来帮忙监督等。

♥学习日志

　　培养意志力是一个不断尝试的过程，也许有些天分高的人三两次便能"一击即中"，但大多数人都没那种天分，往往需要反复地尝试才能成功。

　　培养意志力是个费时费力的活，需要保持足够的耐心，多尝试！除此之外，还要学会接受失败的考验，在培养意志力的过程中，可以把每一次失败都用纸、笔记录下来，然后仔细找出失败的原因，再想方设法地去解决，以避免下次犯同样的错误。

第四章

哈佛"兴趣观"：
为兴趣而疯狂，多疯都不算过

所谓天才，不过就是强烈的兴趣加上疯狂的投入！

其实，哈佛的天才都是"疯子"

要想有所成就，就必须痴迷于兴趣，投入你全部的热情和精力！

哈佛录取的学生都是牛人，这些人不仅素质过硬，本身也具有很好的能力和素养，但他们之所以能成为天才，靠的并不是与生俱来的天分，而是强烈的兴趣和疯狂的投入。哈佛人其实都是"疯子"：比尔·盖茨因对计算机的热爱，可以连续几天不眠不休，只为写出一串更精确、更简洁的代码；富兰克林·罗斯福凭借着对政治的一腔热血，即使失去了双腿，也要坐在轮椅上指点美国江山……

哈佛人为什么对兴趣如此疯狂？因为它的教学理念便是——发觉兴趣、坚持兴趣！在哈佛，那些多才多艺且性格活泼的人备受欢迎，如招生时，它就很看重你有什么特别的地方，可以是打篮球、弹钢琴、拉小提琴，也可以是有爱心、领导力强、能在逆境中不屈服等，会唱歌也能让你获得青睐。实际上，哈佛不仅重视兴趣，更鼓励学子为它疯狂，其中"疯"得最狠的，就属理查德了！

　　说起这位叫作理查德·何塞的高才生，在哈佛可是相当的有名，只不过知道他真实姓名的人并不多，因为大家通常都喊他——哈佛毕业的油漆匠！

　　一位从哈佛毕业的高才生，怎么会变成了油漆匠呢？这就要说说理查德的父亲了！理查德的父亲本是墨西哥人，为了生计偷渡来到美国，他凭着自己过硬的油漆技术，很快在洛杉矶站稳了脚，并在一次大赦后，拿到了梦寐以求的绿卡，成了一位美国公民。紧接着，他便像同龄人那样，结婚、生子。

　　理查德的出生，让父亲非常开心，理查德也很黏父亲，经常一放学就帮着父亲干油漆活。起初，父亲见儿子如此勤快、懂事，心里头别提有多高兴，可时间一长，这心里便开始犯嘀咕了，因为理查德几乎每天都泡在油漆坊里，几年下来，他不但手艺大有长进，还学会了创新，甚至连父亲都有点自叹不如了。

　　父亲还发现，理查德对油漆活是越发的痴迷，每天不到油漆坊待上个把小时，就像丢了魂似的，这让父亲不由得担心起来。对于父亲来说，虽然他是刷油漆的一把好手，却并不希望理查德子承父业，他想让理查德考个名牌大学，然后找一份轻松又体面的工作，而不是像自己这样，闻一辈子刺鼻的油漆味。

　　理查德虽热爱刷油漆，但学习却一点没耽误，尤其在油画上造诣颇高。不久，他被哈佛大学录取的消息传了出来。父亲十分自豪，逢人便说自己的儿子要去哈佛，可理查德并不开心，因为哈佛离洛杉矶还是挺远的，这就意味着他整整一个学期都不能玩油漆，每每想到这一点，他心里便非常郁闷！

尽管如此，理查德还是踏上了去哈佛的列车。也许是理查德有学习的天赋，他一进哈佛成绩就名列前茅，是班里有名的"尖子生"，只不过，他对这些毫不在意，每天都惦记着父亲的油漆坊，尤其是一到周末，他心里那叫一个技痒啊！转眼间，理查德要面临毕业了，成绩优异的他死活不愿读研，而是回洛杉矶找了份不错的工作，虽然他每天都在努力干活，但心里却始终还惦记着油漆活。

一天，理查德鼓起勇气敲开了老总办公室的大门，他向老总建议，与其把零部件拿到外面去做油漆，不如自己成立个油漆部，这样不但能降低成本、保证质量，而且还不用再看别人的脸色。得到老总的认可后，他又立刻毛遂自荐去油漆部当技师，帮公司培养一批优秀的油漆匠。面对理查德期盼的眼神，老总仔细打量了一番这个来自哈佛的员工，最后决定由他担任油漆部的经理兼技师。

数年后，在理查德的努力下，该公司的油漆部声名远播，不但给自己的零部件做油漆，还承接各种外面的活儿，甚至连白宫的部分用品，都指定要在这里加工。理查德也因此被提拔为副总，可他却坚持要在油漆车间办公！

也许你会觉得理查德的经历有点不可思议，一个从哈佛毕业的高才生，放着宽敞舒适的办公室不坐，非要跑到刺鼻的油漆车间去办公，简直就是自找苦吃。殊不知，对于热爱油漆活的理查德来说，一天闻不到那股油漆味，都会觉得心里难受得很，这便是兴趣的魅力，它能调动你所有的热情，引导你走向成功！

虽然每个人的性格、习惯会有所不同，但相同的是，人们都有自己最感兴趣的事，只要我们能像理查德那样，始终为兴趣而疯狂，那么我们的人生就会绽放出耀眼的光芒！有句话叫作："择我所爱，爱我所择。"只有做自己喜欢的事，才能发自内心地投入，才能不计回报地把它干得漂漂亮亮。

实际上，一个人取得的成就大小，跟他热爱的程度有很大关系，如果你一直做自己喜欢的事、最想干的事，内心便会充满愉悦和快乐，身体也会随之装满力量。正因为如此，要想有所成就，就要投入你全部的热情和精力！对于哈佛人来说，为了兴趣而疯狂，多疯都不算过分，所以他们宁愿成为别人眼中的"疯子"，也坚决不放弃自己的兴趣和爱好！

♥学习日志

很多时候，做兴趣的"疯子"会遭到质疑、不被人理解，有时甚至还会受到排挤，对此，不少人迫于家庭、社会的压力，去做一些自己不喜欢的事，最后非但没做出丝毫的成绩，还把自己搞得狼狈不堪。

其实，你无须按照他人的眼光和标准，来评判甚至约束自己，也没必要在意别人的想法和看法，生活是自己的，你想怎么过就怎么过。不要在乎别人的眼光，也不要逼自己去做不喜欢的事。所以，亲爱的同学们，千万别强迫自己，尽量去做自己喜欢的事！

像爱 TFBOYS 一样热爱学习

生命太短暂，所以不能空手走过，你必须对某样东西倾注你的深情！

如果有人问：金钱、荣誉、地位、兴趣，哪一个最重要？对此，不少人可能会犹豫不决，迟迟说不出答案，哈佛人告诉你答案：兴趣！因为哈佛大学很重视兴趣，它不仅招生时会偏向有特长的学生，而且它的选课也是从兴趣出发。显然，这一切背后的目的，就是为了让学子们充分发挥兴趣！

在现实生活中，很多同学一遇到问题，就大喊学习太难；考试一不及格，就大叫学习太苦；作业稍微多一点，就抱怨学习太累。与之形成对比的是，只要有 TFBOYS 出现的节目，哪怕只露个脸都舍不得错过；只要有 TFBOYS 参演的电影，凌晨也会爬起来去电影院；只要能够见TFBOYS 一面，不管跑多远都没有一句怨言。

这些同学追的是 TFBOYS，可哈佛人追的却是"兴趣"！

1905年，哈佛收到了一份特别的入学申请书，上面坦言付不起学费，却保证能成为医学院最优秀的人。对于这位热衷医学的学生，哈佛大学决定破格让他试读，并给他找了份图书管理员的兼职，以减轻他的生活压力。这位学生究竟是谁？他就是获得诺贝尔医学、生理学奖的乔治·理查德·米诺特！

也许是因为家庭不富裕的缘故，米诺特从小就喜欢大自然：当同龄的孩子拿着精致的玩具时，他在研究蝴蝶和飞蛾的生活习性；当别人带着孩子去游山玩水时，他在野外摆弄些不知名的花草；当其他孩子在家看漂亮的画册时，他在观察蜘蛛是如何结网的。他热爱大自然的一切，并立志要做个科学工作者。

随着年龄的增长，米诺特对自己的兴趣越发明确，最后，他将其定在了"医学圈"。为了进哈佛的医学院，他煞费苦心地在入学申请上做文章，而被哈佛录取后，他更是不敢有丝毫的懈怠，拼了命去研究医学。他利用图书管理员的便利博览群书，不断开阔自己的眼界，增加医学知识。

在哈佛求学期间，米诺特做了大量的实验，后因经费不足，他去了一所公立医院，并在那里潜心研究了数年。直到1920年，他从美国医药学年会上听到惠普尔教授说"关于吃食肝脏是治疗贫血疾患最有效的方法"，却没有得到大家的重视时，他才下定了决心，要用实验来向世人证明这个自己认同的新理论。

1926 年，米诺特在哈佛结识了莫非博士，志同道合的他们互叹相见恨晚，并约定一起研究肝的药理，共同打开贫血疾病的"缺口"。为此，他们研究过无数动物的肝脏，最后把目标锁定在了牛肝上。为了了解牛肝的药效，他们将牛肝当成药物给贫血患者们食用，并且每天针对 45 个不同的病例进行试验。

经过不断的尝试，米诺特发现很多病人服用牛肝后，一周内病情就有明显的好转，而两个月内红细胞数目便达到了正常水平，那些不良症状也都消失得无影无踪。面对这样的成果，他们开心得好几个晚上睡不着觉，可一想到病人每天要服用大量的生牛肝，他们就高兴不起来了。于是，他们进一步研究了牛肝里的有效成分，又通过大量的试验，将其制成了食用方便的口服液和针剂。

1930 年，米诺特获得了"卡梅尼奖"；1934 年，他又获得了"诺贝尔奖"！

米诺特曾多次说过："我对兴趣的投入和热爱是无止境的！"他的行动已证明了这一点，他为了心里的这份热爱，不但拿出了拼命三郎的干劲，还耗尽了毕生的时间和精力，才捧回了梦寐以求的"诺贝尔奖"。反观很多人，又为自己的兴趣付出过什么、做过哪些努力呢？

那些热爱 TFBOYS 的同学如果能拿出追 TFBOYS 的那股劲儿来对待学

习，哪怕只用半成的"功力"，也足以使成绩突飞猛进了！学习兴趣越浓，目的就会越明晰，动力才能越强。无论是学习，还是其他，唯有对它充满激情，才能发挥出自己所有的潜力，甚至为它而废寝忘食。到那时，你压根不会在意什么成绩和成功，早已沉浸在学海无法自拔了，因为你只想好好地"享受"一番！

如果你看腻了哈佛人的故事，那就来说说周星驰！他为什么能从一个默默无闻的星仔，变成一位能影响华语影坛的星爷呢？很显然，就是因为他对电影疯狂的热爱！为了能演上戏，他跑了整整六年的龙套，即使是演一具尸体，只要导演不喊"卡"，他便一直躺在地上不动，哪怕会遇到危险！

"生命太短暂，所以不能空手走过，你必须对某样东西倾注你的深情！"这句话哈佛人常挂在嘴边，他们深知学习是永无止境的，兴趣的岛屿越大，成功的海岸线才会越变越小，唯有在兴趣的推动之下，才能在求学的道路上孜孜不倦地探索下去。同学们，试试看吧，去做你喜欢的事，让自己离成功近点，再近点……

❧ 学习日志

你知道吗？榜样的力量是巨大的，它能使我们的方向更明确、目标更清晰，而最重要的一点，是它能让我们向比自己优秀的人学习！所谓"近朱者赤，近墨者黑"，你若希望成功，就应该与成功者交朋友，不断吸取他们的人生经验。成功者的"圈子"可没有失败者，只有其他成功者和正迈向成功路的人！

　　哈佛人就很喜欢给自己树立榜样：比尔·盖茨视约翰·D.洛克菲勒为偶像，于是拼尽了全力去获取财富，只为能帮助更多的人；亚伯拉罕·林肯怀着对卡耐基的无限崇拜，勇敢地一路披荆斩棘，才登上了总统的宝座；胡馨月为了超越师姐刘亦婷，坚持不懈地努力学习，终于踏进了哈佛的校门……所以，我们不妨也给自己弄个榜样，以培养学习兴趣，让自己做个彻彻底底的"疯子"！

别把什么都当兴趣

　　学问必须合乎自己的兴趣，这样你才能不走弯路，并且发挥最大的潜能！

　　通常，刚进哈佛的新生是不分科系的，办好入学手续后，他们便会开始学习7大类"核心教程"：历史、科学、文化、道德伦理、数理论理、社会分析、文学与艺术等。大一修完了这些课程，大二他们就会面临选课的难题了，他们必须从40多种不同的课程中，找出自己喜欢的学科来进行"主攻"！

　　千万别觉得哈佛的选课很容易，那可是一门高深的艺术，因为它不但要求学生有明确的奋斗目标，还必须充分考虑自己的兴趣和爱好，否则一旦选错了学科，往往需要费时、费力地重新来过。所以不少哈佛学子常会抱怨："在哈佛，最难的并不是考试，而是选课！"实际上，他们之所以觉得选课难，是因为不了解自己真正的兴趣和爱好，以致在大二做决定时举棋不定、犹豫不决！

哈佛的"诺贝尔奖"得主毕晓普，就曾经因没找准兴趣而遭遇诸多挫折！

出生于美国宾夕法尼亚州一个小村庄的毕晓普，童年是伴随着钢琴、风琴和唱诗班过度的，他所读的学校只有两间教室，而且直到初中毕业，他都没上过科学课。他的高中也是在一所规模很小的学校念的，60多个学生里考上大学的人寥寥无几，谁都没想到，这座名不见经传的小高中，竟能走出一名科学家来！

说起毕晓普的兴趣爱好，简直可以用"随便"这两个字来形容。由于长期受琴声熏陶的缘故，他从小就想当一名音乐家，可随着学业压力的不断增加，他渐渐放弃了这个梦想；到了大学时期，他受教授的感染，立志要做一名历史学家，但不久，却又因喜欢看小说而想当作家……总之，他的兴趣在不停地更换，可能今天还是哲学家，没准明天就变成了医生，奇怪的是，他从没想过做科学家！

为什么呢？因为毕晓普压根不知道科学家是个什么"东东"！而他之所以会去哈佛，也是经过了班主任的提点。那天，他与班主任闲聊，无意中提及自己想从事学术研究，于是班主任建议他上哈佛。对此，孤陋寡闻的毕晓普竟问道："哈佛在哪儿啊？"班主任只好无奈地告诉他："就在波士顿的某个地方！"

带着班主任的建议，毕晓普找到了哈佛的具体地址，并申请加入医学院。谁知，他刚提交完申请，就开始犹豫该不该去那么远的地方读大学，为此，他还给哈佛大学写了封信，说想再考虑一下同样录取自己的宾夕法尼亚大学。哈佛收到信时，已经给他发出了录取通知书，院长一气之下，竟把这封信贴在了办公室的门上供大家取乐。怕被人笑话的毕晓普，最后还是选择了哈佛的医学院。

尽管如此，当时的毕晓普却对医学丝毫不感兴趣，迫于无奈，他只能硬着头皮去学习，每天面对枯燥无味的医学名词和病理，他过得一点儿都不开心。

第二年，毕晓普去了麻省总医院病理学实验室实习，才渐渐喜欢上了自己的这门学科。在对分子生物学进行研究的过程中，那些细微的"小颗粒"引发了他浓厚的兴趣，开始主动学习的他，通过不断地读书和思考发现，凭自己有限的知识结构和能力，无法从事其核心领域的研究，只能在外围寻找新的突破。

于是在第三年，毕晓普上了一门选修课，并向院长申请跟授课老师做实验。院长同意了他的研究计划，从而给了他更多的时间做实验。

第四年，虽然哈佛规定学生必须修八门课，但毕晓普却被允许只修一门。

找准了兴趣的毕晓普，像"开了挂"似的一路畅通无阻。

1989 年，他和 H.E. 瓦尔默斯一起阐明癌症起源的机理、发现癌基因，从而获得了诺贝尔奖！

不难发现，毕晓普的前半生都碌碌无为，直到他找准了兴趣后，才渐渐开始有了成绩。要想实现自己的梦想，首先就必须明确自己的爱好。一个不知道自己兴趣的人，往往很容易走上错误的人生路，浪费大好的青春年华，唯有找准了兴趣，才能使梦想更加清晰，才能投入最大的热情和力量！

在哈佛，教授们经常把这些话挂在嘴边："如果你没有自己的爱好，那就去找"；"一个人不能没有爱好，否则将一事无成"；"学问必须要合乎自己的兴趣，这样你才能不走弯路，并且发挥最大的潜能"……的确，那些不清楚自己兴趣的人，在学习、生活、理想的道路上，就像只无头的苍蝇般到处乱撞，无论他们如何努力、再怎么拼命，都飞不出关住自己的那间房，因为他们走的一直是弯路。

在通往成功的道路上，谁都不愿意走弯路，哈佛人也是一样，所以他们入学之初便开始寻找兴趣。不过真正的兴趣往往被埋得太深，并非随便想一想就能够找到，我们一定要问清楚自己的内心，绝不能把什么都当作兴趣，因为除了你自己之外，没人能明白你真正想要的是什么。亲爱的同学们，你找到自己的兴趣了吗？你现在做的是自己最喜欢的事吗？请静下心来想一想吧！

♥ 学习日志

很多人都像毕晓普一样，找不到自己真正的兴趣。其实找兴趣并不难，难就难在得找准。那如何才能做到这一点呢？

要想找到自己的兴趣点，就必须开阔自己的视野、接触众多的领域！唯有接触，才能尝试，而唯有尝试，才能找到自己的最爱。

对于正处求学阶段的同学来说，学校就是一个能让我们接触并尝试众多领域的绝佳场所。我们可以利用学校资源，通过参加社团活动、校外交流等不同的方式，来接触更多的领域、学科和专家学者，从而发现自己真正的兴趣！

兴趣也分等级，不要疯过了头

唯有对自己最感兴趣的事疯狂，才能算得上是没有浪费生命！

2005 年，哈佛大学从中国招了七位学生，并且他们个个都是全额奖学金，细心的人发现，他们竟有一个共同之处，那就是——皆在艺术上有突出的才能！其中只有一位同学是全国英语比赛的第二名，剩下的不是国内钢琴考级的前几名，就是在世界舞蹈大赛上一鸣惊人，甚至还有一位曾是影视演员。

是的，哈佛注重兴趣，并极力培养学子们的兴趣，不过它看重的仅仅是某一种特殊才能，而不是所有的兴趣和爱好！在哈佛看来，兴趣也是有等级之分的，有最爱的、次爱的和仅仅只是有好感而已的，不同的等级能享受不同的待遇！生活中，不少人就是因为分不清这一点，而白白浪费了自己的生命，结果弄得自己异常郁闷不说，还错失了获得成功的良机。

　　小俊是个非常阳光的大男孩，中学时的他可谓是校园的风云人物，不但学习成绩优异，还是很多项运动的主力军，足球、篮球、橄榄球什么的，统统都不在话下。没错，小俊是个热爱体育的帅小伙，但凡能跟体育沾边的运动，他皆可以露上一手，他的生命里若没有了运动，那简直比让他去死还难受！

　　虽然小俊的兴趣很广泛，但他心里却跟明镜似的，把这些爱好分得很清楚，只会对自己的"真爱"付出真情，其余的运动也就偶尔玩玩，权当是锻炼一下身体。他最爱的就是篮球，他超级喜欢那种在球场上奔跑的感觉，这能让他感觉到前所未有的自由，尤其是在学业压力较大的时候，他都会去球场上玩得一身臭汗回家，就算在高三如此紧张的节奏里，他也会挤出时间来打篮球。

　　从小到大，但凡学校有篮球比赛，小俊一定会参加，而只要有他参加的球赛，几乎都能拿到一个好名次。刚开始时，父母见儿子玩归玩，也没落下自己的成绩，便由着他去打球，可自从进入高三后，父母就有点阻挠他的意思了，经常劝他要把重心放在学业上，争取考个名校，给他们脸上添点光。

　　面对父母的阻挠，小俊却依然我行我素，学习、打球两不误。看着儿子如此热爱篮球，父母也不想因此坏了亲子间的感情，便睁一只眼闭一只眼地默许了。这样本相安无事，一家子其乐融融，谁曾想高考结束后，小俊竟要放弃自己的高分，以体育去报考哈佛大学，父母得知此消息后，立刻气得火冒三丈，并表示坚决不同意。要知道，这意味着小俊多年在学习上的努力，都将付之东流。

然而让小俊父母没想到的是，儿子竟比他们想象中的还要倔强，在小俊的一再坚持下，他们不得不做出让步，因为小俊明确表态：不打篮球，我宁愿不上大学！

在参加哈佛面试时，面试官看完小俊递交的材料，十分惊诧，这小伙子成绩如此优异，为什么只想成为职业篮球运动员呢？这条路可比搞学问难走得多！对此，小俊的回答是："我热爱运动，更爱篮球，没了它，我什么都学不进去！"

相信生活中有很多人都像小俊一样兴趣广泛，不过却鲜少有人能如他这般头脑清晰，将自己的兴趣分得清清楚楚，知道应该把时间和精力用在"最爱"上。对于兴趣，大部分人都是学而不精，每样爱好皆有涉猎，却没有一个能拿得出手，不是一知半解，就是似懂非懂，花了时间不说，最后还一事无成。

对此，哈佛人要告诉你的是：唯有对自己最感兴趣的事疯狂，才能算得上是没有浪费生命，否则只要一疯就会过了头！在哈佛，虽然学子们个个都兴趣广泛，却不会对所有的爱好都一视同仁，他们会有选择性地去安排时间，合理对待。通常，他们会把精力用在"最爱"上，至于那些"爱得不那么深"的兴趣，有时间就好好研究一下，没时间便完全可以不用太投入，甚至丢在一边都行。

能聚焦点的光线才可以发热，站聚光灯下的人才算是明星。人的精力毕竟是有限的，根本不可能做到对每一个兴趣都了如指掌，我们就要学会给自己的兴趣分级，然后根据不同的等级合理对待，而那些处于最低级的兴趣，若没有多余的时间和精力，干脆放弃，避免把自己搞得筋疲力尽！

做自己最想做的事，做自己最喜欢做的事，这就是哈佛人的成功秘诀。所以同学们，一定要记住，就算是当"疯子"，也要当一个理智的"疯子"，切不可做每个都爱的"花心大萝卜"，别爱那么多，只爱你最感兴趣的就行！

♥学习日志

也许对很多人来说，并非是不想给兴趣分等级，而是不知道该怎么来分。最好的办法便是问你的内心，可以闭上眼睛回忆一下，是什么让你深陷其中，无法自拔；又是什么能坚持数个小时依然兴奋，完全忘记了时间的流逝；还有什么可以令你即使多年没碰过，但只要一接触就会激情四射、热血沸腾……

对于第二感兴趣的事，你可能是为了名利、荣誉或成败等，才愿意花时间和精力去做，虽然事情本身也能让你感到快乐，但你更看重的却是最后结果。

那些再低一级的爱好，可能就是单纯地觉得有趣和好玩，忍不住想试一下。

兴趣的等级很好分，你对某件事关注越久，便说明你对它更感兴趣！

"找兴趣"

如果你没有自己的爱好，那就赶紧去找！

　　对于哈佛大学来说，学生可以不聪明、也可以成绩不够突出，却不能没有自己的兴趣、爱好、特长或强项，一切能证明个人能力、特长的凭据，都可以成为踏进哈佛校门的助力。正因为如此，哈佛人皆"修炼"成了找兴趣的高手：他们从旁听中寻找自己喜欢的学科；他们从社团活动中寻找自己最爱的运动……

　　在哈佛，你很可能会在一个小班里，找到知名的篮球运动员、奥林匹克的滑雪运动员、马术表演的冠军、专业的舞蹈家……如果你有幸遇到其中的某位，可千万不要太惊讶，因为哈佛的学生不管背景如何，每个人身上都具有与众不同的特长。没错，哈佛就是对有特殊才艺的人这么"偏心"，哈佛人也就是如此热衷于兴趣，很多人都因自己的特长，而幸运地被哈佛录取！

亨利像所有的同龄人一样，都梦想着能去世界顶尖的哈佛大学，然而这对于既没钱又不聪明的他来说，简直就是一种奢望，他只能将这个梦想深深地埋在了心底！亨利的学习成绩不拔尖，但他在体育方面却十分出色，尤其是他最喜欢的橄榄球运动。起初，他只是喜欢在球场上奔跑的自由，以及那种挥汗如雨的惬意，可后来他却爱上了这种运动，一有机会便和伙伴们一起练球。

16岁那年，亨利就已经是远近驰名的橄榄球运动员了，他投球的速度不但可以达到每小时140多千米，而且他投出的快球还能击中球场上任何正在移动的东西。也正因为如此，亨利所读高中的教练视他为重点培养对象，恨不得让他每天都住在训练馆里，可现实却事与愿违，家境贫困的亨利每天除了上学，还要抽空帮妈妈做些家务，因为妈妈工作太辛苦，根本无法兼顾家里的这些琐事。

转眼到了高三，有个朋友帮亨利找了份不错的兼职，亨利本想立刻就答应，因为他太想拥有一辆新的自行车，也太想给自己买几件新衣服了。不过在得到这个消息的一瞬间，他脑海里闪现的却并不是这些，而是熟悉的橄榄球、宽阔的球场、严肃的教练以及亲爱的球员们，一想到不能打橄榄球，也不能参加今年的橄榄球比赛，他便委婉地拒绝了朋友的好意，因为他受不了没有橄榄球的日子。

那年夏天，不知是不是怕上了大学没机会再玩橄榄球，亨利全身心地投入到了训练之中：即便没有教练在场，他也努力地练习投球；就算球员们都走光了，他也一个人拿着球在场上奔跑……他对橄榄球的热情不仅感动了教练、感动了队员们，更感动了波士顿知名的橄榄球队——"红袜队"。那年夏天，"红袜队"以5万美元的高价邀请亨利加入，他还因此被波士顿的哈佛大学录取！

亨利的经历在哈佛大学并不罕见，很多同学都是通过艺术途径才考上哈佛。通常，这群人在入学前都有自己的喜好，他们也很清楚自己的发光点在哪，所以对于他们来说，兴趣压根就不用找，只需要继续保持即可，同时他们还能给其他哈佛学子树立好的榜样，这亦是哈佛青睐特长、个性和才艺生的原因之一！

一直以来，哈佛大学都着眼于培养"领袖人才"，而不是造就"书呆子"，所以它认为课外的那些兴趣、爱好和特长，非但不会影响正常的学习，反而还能促进学生的全面发展，有助于提升他们的综合能力和素养。哈佛教授就经常说：要不断强化自己的优势、特长，令其更为明显，这样你才能脱颖而出！

其实，世界上从没有聪明不聪明的问题，只存在哪方面更聪明以及怎样聪明的问题；学校里也并不存在什么所谓的"差生"，因为每个学生都是特殊的，是这世界上独一无二的，他们都能在自己最擅长的领域有所成就！我们每个人都可以是天才，但前提是我们得找到并发展自己的特长、强项。这事说起来简单，做起来却并不容易，不过下面这些方法应该能帮助你"找兴趣"！

多接触，打开视野才方便寻找

对于一个没有兴趣的人来说，最好的方法就是先打开自己的视野。总是宅在家里的人，由于活动的范围比较狭窄，他们除了家里的那些玩意，几乎很难接触到新的事物，也正因为如此，他们很难找到自己真正的兴趣。所以首先应该做的，就是走出大门，多接触一些以前没见的新事物，如去交个新朋友、去参加社团活动、去图书馆找找资料等，从而接触到不同的人和事。

多尝试，"真爱"能令你快乐

要想找到真正的兴趣，光接触肯定是不行的，还得去尝试一番，否则怎么知道自己喜不喜欢呢？当然，也并非是什么都尝试，可以从自己愿意干的，或是比较关注的事入手，如果你能坚持两周以上，并且还乐在其中的话，那这八成就是你的兴趣了。至于剩下的两成，还要靠你自己继续去尝试，倘若你越做越开心，即使遇到挫折也感到快乐，那么这铁定就是"真爱"！

多培养，兴趣可不是天生的

兴趣从来都不是天生的，它跟性格、习惯一样，也需要经过后天的培养。其实很多时候，我们并非是不知道自己的兴趣，而是因没有明确的奋斗目标，导致无论有多喜欢某种事物，也没有顽强的意志和持久的耐力去坚持，最后只能不了了之。殊不知，只要我们肯花时间和精力去慢慢地培养，即使才稍稍有些起色，也会毫不犹豫地爱上它，还会越来越乐意干这方面的活儿。

✌ 学习日志

　　不少人都有过这样的经历：虽然日子过得很顺，但心里却怎么都高兴不起来！为什么呢？因为每天过得都不像自己，更像是父母和老师手里攥着的扯线木偶，他们往哪儿拉，就向哪儿跑；他们要求什么，就去做什么……时间一长，渐渐忘了自己为什么而活，也不知道自己活着该做些什么，更不知道自己真正想要的是什么。试问，这样的人生有何快乐可言！

　　俗语有云："兴趣是最好的老师。"殊不知，兴趣不仅仅是老师，更是快乐的源泉，没有了兴趣和爱好，生活和学习都会失去乐趣。

第五章

哈佛"勤奋派"：
今天不往前走，明天跑都追不上

现在睡觉的话会做梦，而现在学习的话会让梦实现！

不是你笨，而是还不够努力

即使现在这一瞬间，对手的课桌还堆满了书！

凌晨，当我们还在温暖的被窝里酣睡时，哈佛大学的图书馆却早已灯火通明，里面坐满了精神抖擞的莘莘学子，他们时而抬头冥思苦想，时而埋头奋笔疾书……无论你相不相信，这就是现实中的哈佛生活！是的，它既没有课后的无所事事，也没有一觉睡到自然醒的惬意，只有一个比一个更努力的哈佛人！

可能有人会疑惑：能进哈佛已经够聪明了，干吗还这么拼命？殊不知，他们的聪明并非都是天生的，而是通过后天的努力获得的，正因为他们深知这一点，所以唯有加倍努力，才能在哈佛继续保持自己的"聪明才智"。其实，学习的世界里从没有笨蛋，如果你觉得自己笨，那只能说明你还不够努力，你若能像哈佛学子们那样，做到眼里、心里、手里都有学习，谁还敢说你笨！

毕业于哈佛大学的赵小兰，便是一个很好的例子！

　　赵小兰去美国是偶然也是必然，为什么这么说呢？因为父母对她的期望很大，将她送往美国深造是必然之事，但真正要去美国却十分的突然，以致她来不及做任何的准备。当时，连英文字母都不知道是什么的她，就在父母的安排下，成了一名三年级的插班生，面对突如其来的改变，她显得有点不知所措。

　　上学的第一天，赵小兰就蒙圈了，尽管新学校的老师和同学们都非常热情，但她却连最基本的沟通都不会。看着讲台上那位说得唾沫横飞的老师，坐在下面的她简直就像个白痴，完全听不懂，更别说去理解了！为了能跟上大家的脚步，她把老师所讲的内容抄在本子上，回家后让父亲翻译成中文再学习。同时，她还牺牲自己所有的娱乐时间，让父母从最简单的字母开始教她英文。

　　就这样，在赵小兰的不懈努力之下，她不但顺利完成了学业，毕业后还同时被芝加哥大学、宾夕法尼亚大学和斯坦福大学等这些名校所录取。然而想在商学院继续深造的她，却只对哈佛大学情有独钟，且不说哈佛每年录取学生的比例，其商学院本身就是一块难啃的硬骨头，尤其是研究所的 MBA 硕士学位门槛非常高。即使有幸挤了进去，只要稍不留神就会被淘汰出局。

　　对此，赵小兰并没有退缩，而是勇敢地选择了一条最难走的路！

　　进入哈佛大学的研究所以后，赵小兰才深刻体会到了"教室如战场"这句话的含义。在那里，老师几乎每天都不讲课，甚至连教科书都不带，只给学生们留下三项课题，让他们自己去解决。别以为这样就可以偷懒，下堂课时教授会随机点名，若谁不能够回答出来，那后果简直不堪设想，以致有些学生都害怕进教室了。面对这种情况，赵小兰拿出了百分之两百的努力。

她每天从早上8点钟开始，一直要忙到凌晨一两点才能休息。上午8点到下午2点半要去上课；还要去图书馆找三项课题的资料，平均每个课题需要花费3个多小时；最后，还要整理那些资料，使它们能够符合课题的要求。紧接着，便是周而复始的这样的生活，每天只能睡6个小时左右。

赵小兰的勤奋和努力使得自己一步一步地蜕变，她已从当初那个懵懂无知的小姑娘，变成了一位具有领导才能的干练女性。离开哈佛大学以后，她凭借自己的努力，成了美国历史上首位华裔内阁成员和第24任联邦劳工部长。

不可否认，赵小兰的成功包含了很多因素，但勤奋绝对是其中至关重要的一环，她从一个连英文字母都不知道的女孩，成长为很多人的骄傲，其中所付出的努力可想而知。没人一生下来就是天才，也没人一长大便能成功，那些天才和成功者们的背后，往往都隐藏着不为人知的付出，这也验证了哈佛广为流传的一句话：一个人是否能够获得成功，完全取决于他的业余时间是否足够勤奋！

机会只会留给有准备的人，现在所有的努力，都是为了获得成功的青睐。所以，亲爱的同学们，不要再抱怨自己没有天分，也别再觉得自己比别人笨，老天爷是最公平的，它绝不会只针对一个人。

❤学习日志

　　生活中不难发现这样一种现象：有些人非常努力，每天除了阅读，就是习题，几乎所有的时间都用在了学习上，可成绩却怎么也上不去，这是什么原因呢？答案很简单，这些人没有努力在点子上！换而言之，即他们没有掌握学习的技巧，只是一味地"死读书、读死书"，所以无论多勤奋，都是在做无用功。

　　对此，哈佛大学的教授们给了一些建议："当你努力学习的时候，不要单纯地去抓紧时间，或盲目地埋头苦学，而应该多总结一些经验，同时注重吸收他人的有效经验。只有找到最适合自己的学习方法，才能够让勤奋努力发挥出最大的功效，否则很难从根本上提高学习效率。"也就是说，勤奋和努力也需要灵活运用，死搬硬套除了浪费时间和精力外，对你的学习起不到丝毫作用！

哈佛的课桌上也堆满了练习题

学习，学习，再学习！

清晨的哈佛校园里，比鸟儿更忙碌的，是那些穿梭在林荫路上的哈佛人，他们怀抱书本，或独行、或三五成群地奔向教室。你若认为他们课后能偷个闲，那就错了，因为哈佛的课桌上也堆满了练习题，它的每一门功课都不好修，不仅作业负担重，而且评分等级严格，教授更是不会轻易让学生过关。在这，你几乎看不见优哉游哉的路人，他们大多步履匆匆，只为能节省更多的时间来学习！

无论你信不信，哈佛人的勤奋都已经到了"疯魔"的地步：虽然每天上课的时间是早上 8 点到下午 5 点，而且只有周一到周五才上课，但学子们却要在课后提前预习以及完成作业。千万别觉得这很轻松，且不谈"刻薄"教授布置的那些作业，仅预习这一项就能把他们折磨得死去活来，他们每次课前都要阅读约 130 页的资料，这还是中等的阅读量，稍小一些也得阅读大约 90 页的资料。

如此巨大的阅读量，想不熬夜都难！哈佛女孩常帅就是这么挺过来的！

　　每当有人问常帅在哈佛学习时的感受，她都会深吸一口气后再说："在哈佛的每一天，我都感觉像是在高考冲刺阶段！"对于这个回答，不少人觉得有夸大其词的嫌疑，只有常帅自己知道，其实真正的答案有过之而无不及！

　　美国宣称自己是一个自由的国度，这一点完美体现在了哈佛的授课模式上。通常教授会采取启发式的授课，尤其是常帅所在的商学院，教授们会在开课伊始，就讲述大量的经济理论，然后再举些与理论相呼应的各式案例，便完事了，剩下的学生自己去琢磨。不仅如此，常帅还发现他们竟然没有"重要的事情说三遍"的习惯，压根不会重复书上的内容，这样的授课方式，让听中国模式课长大的她非常不适应。

　　作为一枚资深学霸，常帅也是有预习习惯的，但她发现，想要在课堂上完全听懂教授所讲的内容，自己所做的那点预习工作远远不够，她还得利用课余时间去找更多的资料。于是她为自己定下了一个学习目标：每天"吃透"三个案例，以应对教授下一堂课的提问，准备5—6个问题第二天向教授"发难"！

　　这样的预习内容可不算少，要知道，一个经济案例就长达20页之多，更何况是要把它"吃透"，还要从中找到自己有疑问的地方，这可不是一件容易的事，少花一点时间和精力都甭想完成。

于是，熬夜成了常帅的家常便饭，她几乎没在晚上 12 点之前睡过觉，早上更是 4 点就起来开始学习，有时实在是太困了，便趴在书桌上小憩一会，醒来后用凉水洗个脸，再接着发奋读书。

如此高强度的学习，让常帅在半年的时间里瘦了近 30 斤。幸而她的付出没有白费，在第一个学期的期末测评中，她大部分课业成绩都高于教授的要求，更值得高兴的是，她有 3 门成绩都获得了 A 或者 A-。可别小瞧了这个 "A"，在人少的班级里，A 只会给状元，即便是在人数多的班级，得 A 的人数也不超过 5%。

随着时间的推移，常帅也逐渐适应了哈佛的节奏，甚至在紧张而忙碌的学习生活中，她还能抽出时间来做助教。她虽然整天忙得昏天黑地，却依然乐此不疲，她说，这已经是她的常态了，尽管哈佛的学习强度大，课业负担也大，但自己依然深爱着它，因为是它培养了自己的勤奋，适应了这紧张而快速的学习节奏！

常帅并不是哈佛的个例，而是哈佛的常态。那么是什么让像她这样的学霸都如此拼命呢？是哈佛的淘汰机制！在这里，每年都有大约 20% 的学生会因考试不及格或修不满学分而休学或退学，而且他们课堂上的表现还直接跟成绩挂钩，平均能占到总成绩的一半。正是在这种强压之下，哈佛人才有了不敢懈怠的学习精神，也正是这种近乎疯狂的勤奋，成就了哈佛今日在学术界的地位。

若有人说，学习的好坏取决于其是否勤奋，也许会遭到反驳：人和人智商的差别那可大了去了！对此，哈佛的每一个学子都会告诉你，即便你的天分再高，也取代不了学习中所要付出的勤奋和努力。能进入哈佛的人，智商难道会低吗？可他们却不约而同地喊出了"征服学习"的口号，他们虽然是学霸中的学霸，也照样将自己埋在习题堆里、丢在图书馆里，甚至每天都睡不到 8 个小时。

哈佛从没有随便学一学就能获得好成绩的人，而为了培养学生勤奋的习惯，它总会不厌其烦地告诉学生："学习，学习，再学习"；"你现在流的口水，将会成为明天的眼泪"；"只有比别人更早、更勤奋地努力，你才能尝到成功的滋味"；"学习时的痛苦是暂时的，没学到的痛苦却是终生的"……

没错，这就是哈佛人成功的秘诀——勤奋！今天，你努力了吗？

学习日志

从小到大，我们听得最多的一句话，恐怕就是：上课一定要认真听讲！的确，课堂 45 分钟非常重要，老师的详细分析与讲解，能帮我们更快、更精准地掌握知识，不过即使同学们都认真听讲，每个人的学习效率和最后的学习成果，也大不一样，有些人能很快理解所学内容，而有些人却依旧懵懵懂懂、一知半解。

对此，哈佛学子有妙招，那就是——做好课前预习！那些成绩好的同学，往往都在背后付出了很多的时间和精力，预习更是必不可少的课前准备，他们的预习通常有三个部分：熟悉课本内容、提出疑难问题和延伸阅读，这能让他们对明天所学的内容有更深的认知，进而在有限的 45 分钟内获取更多知识！

努力超越昨天，哪怕只有一点点

明天的自己是否会比今天的自己更强？努力过才知道！

秋风徐徐，在落叶的衬托之下，哈佛校园更显得神秘莫测。此时，一间教室里传来了教授洪亮的声音："成功不是一蹴而就的，如果我们每天都能让自己进步一点点——哪怕是 1% 的进步，那还有什么能阻挡得了我们最终走向成功呢？"……面对教授的谆谆教诲，学子们或微笑，或沉思，或伏案奋笔疾书。

在世人的眼中，哈佛学子如传说一般神秘，其实他们跟你我一样，既没有哪吒的三头六臂，也没有孙悟空的七十二般变化，都是肉眼凡胎的凡人，他们的成功如教授所说，皆是通过努力一点一滴慢慢积累起来的。可千万别小瞧了这一点点的进步，一年有 365 天，只要你每天都能超越昨天的自己，那么未来就有很大可能！

对此最有发言权的，恐怕非前世界首富——比尔·盖茨莫属了！

　　夕阳西下，当公司的职员们都已下班，只剩一两个"工作狂"时，几位少年嬉闹着走了进来，只见他们熟练地打开电脑，开始了今天的"抓臭虫"工作！

　　所谓"抓臭虫"，其实就是修改电脑软件里的错误。在那个电脑还没有普及的年代，上网是一件十分奢侈的事情，小比尔·盖茨只有靠干这种"兼职"，才有机会跟自己心爱的电脑"约会"。他找电脑可不是为了玩什么游戏，而是为了深入研究。在"抓臭虫"期间，盖茨学到了很多书本上没有的知识，无论是电脑的硬件还是软件，他的能力都有所提升，这为将来的软件开发奠定了基础。

　　1970年，15岁的盖茨已经在电脑软件上颇有造诣，一家名叫信息科学的公司找到他，希望以使用新型电脑的时间，来交换他的电脑技术。他想都没想就答应了，为什么呢？因为他需要更多面对电脑的机会来做研究，哪怕他付出所有时间和精力，只能取得一点点的小进步，他也从没觉得是种浪费。

　　1971年，盖茨就读的湖滨中学领导"召见"了他，并交给他一个艰巨的任务——帮学校设计一套排课用的电脑软件，只要他能完成任务，那么学校电脑室的大门将为他敞开。为了争取跟电脑"约会"的机会，他牺牲了所有的课外时间，但完成任务后，他却变得更忙了，因为时间都给了电脑的开发和研究。

　　1973年，美国国防承包商TRW公司开发了一套电脑软件，其主要用于控制水库的管理与监督，可这套软件里的错误怎么都消灭不了。无奈之下，公司只好找了一些电脑高手来帮忙，盖茨也在邀请的名单之中。他之所以来参加这个项目，是为了锻炼自己的软件设计能力，可令他没想到的是，圆满完成任务后，自己竟得到了该公司一位电脑专家的悉心指导，从而提高了自身的软件设计技巧。

同年，盖茨收到了哈佛大学的录取通知单。在校期间，他选修了所有与计算机相关的课程。从此，他便过上了没有规律的生活，但凡是跟电脑有关的学习，他都可以几天几夜不合眼，甚至有时，他连续不眠不休，仅仅只为写出一串更准确、更精简的代码。那段时间，他经常饿了就啃点面包，累了就胡乱裹着电热毯迷迷糊糊小睡一会，只要一睁开眼，便又是新一轮的奋战！

也许在世人的眼中，比尔·盖茨就是天才，他不努力也能成功。谁曾想，他竟如此勤奋，努力去抓住每一次超越自我的机遇，即便付出他所有的时间和精力，只换来一点点的进步也在所不惜！每个人生下来都是平凡的，别幻想自己突然就能脱胎换骨，成为无师自通的天才。

在哈佛求学期间，比尔·盖茨常向室友炫耀自己的成果："嘿，朋友，看，今天我又将昨天的代码进行了改良，是不是更完美了！"不仅仅是他，哈佛学子每天都在努力超越自己，哪怕只有一丁点的小进步，他们也会使出自己的洪荒之力。从平凡到优秀再到卓越，并不一定非要干什么惊天动地的大事，也没必要去搞什么独一无二的创意，只需每天努力超越昨天的自己就够了。

"努力超越昨天"这话，听上去既不够响亮，又没什么气势，而且还没有诱惑，但只要细细琢磨一下，便不难发现它已道出成功的玄机——人生的每一天都应该充满新鲜！也许"昨天的你"曾努力磨炼并获得可喜的成绩，但今天的你却必须超越"昨天的你"，这样的人生才更充实、更精彩！

人生有超越才有进步，每天都是一个新的开始，若你还停留在昨天，那么今天就仅仅只是昨天的复刻而已，今天的存在又有何意义？哈佛学子已用行动告诉我们：努力超越昨天的自己，才能不断靠近梦想！

❤学习日志

学习的道路坎坷而漫长，难免会遭遇一些难题，其中最令我们困惑的，可能便是在超越自己的过程中，只要一集中每天所学的知识，就会出现似是而非、似懂非懂的现象，更别说拿它们来用了！其实这都是自己惹的祸！是我们下意识地将每天所学的知识，人为地分割成了一个个"孤岛"，没有彻底融会贯通。

对此，我们不妨借鉴哈佛学子们的妙招：把复习前一天的知识，放在一天学习的最开端。简而言之，就是古代圣贤经常教育弟子的那句话——温故而知新！每天的复习，不仅仅只是把知识再"捋"一遍，在"捋"的过程中，随时提出自己的疑问并寻求答案，当然，你也可以找其他的资料阅读、佐证，这样才能让知识框架更加立体，最重要的是，融会贯通后，用起来会更得心应手！

别盲目勤奋，要讲究技巧

不是所有的知识都需要掌握，学习你所需的知识即可！

虽然哈佛学子要学习的内容有很多，却从不会丢了西瓜捡芝麻；虽然他们一年三百多天都在学习，却会给自己留下休息和娱乐的时间；虽然他们几乎没什么课余时间，却依然可以保持自己的兴趣爱好……正因为如此，我们眼中的哈佛，才会既紧张又不失活泼，既严肃又和蔼可亲。

哈佛的学子虽勤奋，却一点也不盲目，他们前脚刚踏进校门，后脚便会得到一份缜密的学习计划、锻炼表格和校内政治文化活动安排，帮自己规划今后的学习和生活。所以，哈佛的学生很清楚自己可以做什么、不可以做什么，哪些是选修课、哪些是必修课，他们还会根据自身的特点，来制订整个学期的学习计划。

现已是跨国公司经理的哈佛男孩——小轩，对此可谓是印象十分深刻！

湖北某小镇的站台上，一位来自乡村的男孩正翘首期盼，他在等待着列车，此刻男孩的心情无比激动，完全听不见身旁亲友们的叮咛和祝福！

男孩叫作小轩，他一直都梦想着能踏进哈佛校园，为了这份理想，他付出的不仅仅是努力，还有自己整个少年时光！谁曾想到了哈佛以后，他却打起了退堂鼓，这是怎么回事呢？原来他还在用以前的老方法学习——各个科目掺杂一起学；管它重不重要，先把知识点背下来再说；一直忙着学习，从不休息……

每当小轩看见得 A 的同学，就会忍不住问自己：为什么我如此勤奋努力，还落在那帮尖子生后面呢？他思来想去，觉得只有一种解释，那就是自己没他们有天分！面对这个残酷的答案，他有点心灰意冷，因为如果是其他原因，他还可以加把劲再拼一拼，可这骨子里自带的东西，无论他怎么做，也改变不了事实！

就这样，小轩开始意志消沉。同寝室的一个同学见状，便问他怎么回事，当同学听完他所谓的"勤奋"，竟忍不住哈哈大笑了起来。只听这个同学说："嗨，我的兄弟，你这哪里是勤奋，根本就是在浪费时间！"说完，便把自己制订的学习计划和生活安排给小轩看。小轩不看不知道，一看吓了他一跳，先不说这计划的详细程度，里面不但划分了重点与非重点，就连休息的时间都标得一清二楚。

看完同学的计划，小轩才意识到，原来都是"盲目勤奋"惹的祸！于是，他根据自己的特点，也制订了一份学期计划，将时间全用在了"刀刃"上！果然不出他所料，这样学习不仅保证了自己的睡眠时间，而且成绩也有了明显的提升，虽然还是追不上班里的那帮"学霸"，但起码有一个学科得到了A！

"要想成绩好，勤奋不可少！"的确，知识不会自己钻进脑袋，你得拿时间和精力去跟它交换，可如果你不讲究点技巧，即便再努力，也很难达到预期的效果！就像小轩那样，一味地盲目勤奋，非但提升不了成绩，还打击了对学习的自信心，若不是得到同学的提点，别说能不能得A了，没准连哈佛的毕业证都拿不到！可见，唯有勤奋和技巧双管齐下，才称得上是真正的"哈佛人"！

很多时候，人都改变不了贪心的本性，即便是在学习上，也会忍不住想多学一点点，有这样的心态固然是好事，可结果却未必能令人满意，毕竟时间和精力皆有限，哪怕只有一丢丢的浪费，也会影响到成绩。要知道，知识是无穷尽的，完全没必要什么都去学，只学自己需要的那部分即可。

对于这一点，哈佛学子就看得比较"通透"，一个还在哈佛学习的女孩说："在哈佛，每个人都在学习和读书上投入了很多时间，如果因安排不合理而浪费了时间，他们每个人都会觉得不安。"不可否认，哈佛人也"贪"，甚至比我们更"贪"，可他们却"贪"得不盲目，而且还非常的有技巧，如他们只学那些自己需要的知识；他们只会在重点科目上下苦功；他们从不浪费时间死记硬背……

所以，亲爱的同学们，千万不要盲目勤奋，多少讲究点技巧吧！

❤学习日志

也许在很多同学眼中，勤奋就是要"不眠不休，玩了命学"，这种观念大错而特错，人毕竟不是机器，可以 24 个小时连轴转，更何况即便是机器，也得停下来充个电，否则它分分钟"罢工"给你看！对于如何学习，一位哈佛的研究生曾说过："除了星期六外，我一直在学习。我是说，我会在星期六休息一天，这一天我要放松，恢复体能。这就是我以及哈佛人的学习理念！"

勤奋到令人发指的哈佛人，都愿意停下来稍做休息，你又何苦再自己为难自己呢！一味地埋头苦干非但不可取，甚至还有害无利，唯有适当地停下脚步，才能让自己处于"满电"状态，才能更好地征服学习，实现心中的目标和理想！

勤奋是一种习惯

像狗一样学习，像绅士一样玩！

在看似平静的哈佛校园里，处处都充满了竞争。对外，哈佛要跟耶鲁等其他世界名校竞争；对内，哈佛各学科、各系别亦在暗自较着劲，而对哈佛学子来说，最现实、最残酷也是最赤裸裸的竞争，便是要想方设法超过其他同学！正因为如此，即使是哈佛最牛的人，也丝毫不敢放松自己，都在玩了命地学习，他们不但要做班级第一，还要做学校第一，甚至还要做世界第一！

哈佛教授们说得最多的一句话就是："假如你想在毕业以后，在任何时间、任何地点都如鱼得水，并且得到大众的欣赏，那么你在哈佛求学期间，就不会拥有闲暇的时间去晒太阳！"而事实也正是如此，在哈佛的校园里，你很难找到一个无所事事的学生，他们无论是天资聪慧，还是资质平庸，都无一例外地在努力学习。

让我们来看看一位韩国女孩在哈佛的真实经历吧！

女孩在韩国念完大学后，便来到了哈佛读本科。入学第一年，她很讨巧地选了一门韩国文学课，当然，最重要的还是她本身就对此感兴趣，再加上授课的是韩国著名教授，她实在没理由不选这个科目。谁曾想，作为一个地道的韩国人，竟会对课上所讲的韩国古典文学一知半解，甚至感到很吃力，根本拿不到预期所想的"A"。对此，她真不知道其他国家的同学们，要用什么来完成这门功课。

没来哈佛前，女孩一直以为它跟普通大学没什么两样，甚至还觉得在既不强调分数，又提倡"无压力学习"的哈佛混个毕业证，简直就是小菜一碟，于是她除了韩国文学，还选了另外四门课，可后来她却发现根本不是这么回事！

虽然在哈佛，成绩并不由学得有多好决定，而是看相对于其他同学的表现，但每个班级的每门课却规定：成绩好的15%-20%的学生得"优"；成绩差的15%-20%的同学得"及格"；成绩中等的60%-70%的学生得"良"；还有5%左右的学生会"不及格"。换而言之，即无论大家有多努力，都会存在"不及格"的人。显然，这种计分方式能逼迫所有学生更努力地学习，尤其是那帮较真的"天才"们。

不仅如此，哈佛对于一年级的新生还分外苛刻，谁只拿到8个"及格"或"不及格"，就甭想升入二年级，至于究竟能不能升级，还得看学生成绩委员会的脸色，他们会根据学生本人的请求、教授的评价以及造成此事的客观因素来决定。其中只有一小部分人能获准升学，而另一部分人则会被迫退学。当然，哈佛也没那么灭绝人性，即便退了学，也还是可以重新申请入学的。

在被迫退学的威胁下，这个女孩那是玩了命地学习，恨不得能多长几个脑袋来帮自己忙。其实就算没有任何的威胁，女孩也得削尖了脑袋学习，因为她所选的那些课程，每门课的教授都留下了大量的作业和阅读材料。对她来说，完成一门没问题，两门也还可以，三门就紧张了，四门那简直是要命，而要想出色地完成所有作业，唯一的办法便是——缩短睡觉的时间和牺牲周末的休息了。

就这样，勤奋成了女孩的习惯，甚至大考一近，她每天就只睡两三个小时！

不仅仅是这位韩国的女孩，所有哈佛人都把勤奋当成了一种习惯！与其说是哈佛培养了学子们的勤奋，倒不如说是学子们在它的制度下不得不勤奋。为了跟上教授的步伐，更为了顺利拿到毕业证，哈佛的学子不敢有丝毫放松，尤其是在医学院，很少能看见穿着前卫或发型怪异的人，女生也几乎不化妆，他们如此简朴就是因为学业的压力，连看书都没时间，哪还有闲情逸致倒腾自己。

很多没去过美国的人，总会产生这种偏见：美国的孩子学习轻松，不用怎么刻苦，就能混到毕业证，他们都是玩着学。不过只要你去过哈佛，便能经常听见这句话："像狗一样学习，像绅士一样玩。"这短短一句话，已说出了哈佛学生的生活节奏和主题。

虽然有规章制度的逼迫，但哈佛学子也做出了努力，毕竟自己不肯努力，谁都没办法勉强不是！那么，他们究竟是如何养成勤奋这种好习惯的呢？

从小目标入手，培养自己的兴趣

所谓"兴趣是最好的老师"，要想让自己为学习疯狂，那得先令自己对它感兴趣，可以从小的、能达到的目标开始努力，培养自己的学习兴趣，然后逐渐提高目标的难度和广度，让自己慢慢地进步，并持之以恒。当你能够完成一个大目标时，势必会忍不住想去实现下一个，那时即使外面的诱惑再大，也没法跟成功的喜悦相提并论。

必要时，给自己来点糖衣炮弹

成功的喜悦能给予我们无穷的动力，但当这种成就感出现的次数过多时，我们的身体便会渐渐产生免疫。此时就有必要给自己来点糖衣炮弹，以刺激我们趋近麻木的感觉器官，如小进步给自己整点小奖赏，大进步给自己弄点大奖励，特殊情况再搞个特殊奖等，通过奖励来鼓励自己更加勤奋地学习。

自我麻痹，变"不喜欢"为"喜欢"

当然，无论我们怎么变花样，总有那么几个"捣蛋鬼"会跳出来搞破坏，它们就是——不喜欢的科目。对于这些学科又该怎么办呢？

很简单，用心理暗示来麻痹自己！我们可以告诉自己："这门学科非常有趣"；"它对我的未来会很有帮助"；"只要我用心学，一定能学好它"等，来改善自身对这些学科的态度。

不断提问，让自己勤奋不止

人越是受刺激，便会越勤奋。若想让自己永无止境地保持勤奋，就得不断地给自己找点刺激。例如，我们可以在学习中不断地向自己提问题，然后让自己不断去寻找答案。你的每一次提问，不仅能使自己进步，还能获得成就感。

♡ 学习日志

对于正处求学阶段的同学来说，学习知识固然十分重要，但更为重要的是如何去运用它，否则我们的勤奋就会变得毫无意义。那么具体应该怎么做呢？这方法那可多了去了！对此，追求真理的哈佛则比较关注两点：一是要用学到的知识解决实际问题，你拿它干什么都不如面对现实的考验；二是要在巩固知识的同时修正知识，因为随着知识的不断完善，曾经的很多想法或理论都需要更新。

第六章

哈佛"惜时法"：
行动吧！没什么会在原地等你

你荒废的今天，正是昨天殒身之人祈求的明天！

谁都只有 24 个小时

时间最不偏私，给任何人都只有 24 个小时！

芳草萋萋、绿树成荫，一排排新英格兰红砖墙掩映其中，组成了哈佛静谧、唯美的校园风光，而与这一派悠闲景色形成鲜明对比的，是终日忙忙碌碌的哈佛人。他们对这一片迷人的景致"视而不见"，比起晒太阳、看风景，他们更愿意把有限的时间，用来做更有意义的事情，比如读书、找资料、做研究……

很多人可能会觉得，能进入哈佛深造的必定是牛人，他们只要随便学一学，就能吃透每个知识点，殊不知他们也像普通人一样，要经过一番艰苦卓绝的奋斗，才能从学渣"修炼"成学霸。为什么？因为上帝非常公平，它给每个人的一天都是 24 小时，哈佛人也不例外，如果他们不懂得珍惜，便没有今日的辉煌！

对于这仅有的 24 小时，哈佛人究竟会如何使用呢？

每当有人问查理在哈佛学到了什么，他便会一脸自豪地说："时间魔法"！

回忆起在哈佛的那段时光，查理至今都会倒抽一口冷气，因为哈佛素来都以紧张和高强度闻名，学习节奏更是快得离谱，要想攒够自己的学分，仅靠课堂上那几十分钟是远远不够的，且不说课前的预习和课后的复习需要耗费大量时间，单单是教授们布置下来的作业，就足以占据大半课余时间了。

然而，每个人的一天都只有24个小时，怎么才能挤出更多的时间学习呢？对此，查理学到了一套"时间魔法"——充分利用碎片时间！自从有了这套"时间魔法"，任何可以利用的时间，他都能丝毫不差的用在学习上，学习时间变充裕后，他每天除了阅读资料、查找文献外，还能时不时地弄点业余爱好。

那么，查理究竟是怎么做的呢？首先，他会利用类似课堂休息、饭前饭后、等车间隙这种时间，根据时间的长短来安排学习内容，如看书、背单词、思考问题，以及听教授的公开课等；其次，无论是"打车"，还是坐公交或乘地铁，他都会从事先准备好的包里，拿出一些短小精干、便于携带的资料来学习；再次，放学后，他会留在教室学习个把钟头，以避免把时间浪费在排队打饭上……

在"时间魔法"的帮助下，查理的学习成绩突飞猛进，班里的同学们都羡慕不已，每每有人问他秘诀，他总会自豪地说："我比你们的时间多！"

从哈佛毕业后，查理依然保持着惜时如金的习惯，虽然因公务繁忙，他每年的大部分时间都在飞机上度过，但他却从不轻易放过每一个碎片时间。有一次去法国巴黎开会，当飞机快要降落时，一直坐在他身边的乘客忍不住说："知道吗？你是我见过最敬业的人！从上了飞机到现在，你几乎每一分钟都在工作。"

查理听完，说道："是吗？我已经习惯了，只是不想让时间白白溜走！"

"伙计，你一定会得到老板的重用！"乘客竖起大拇指说。

"谢谢你，其实我已经是公司的副总了！"查理微笑着回答。

查理跟我们一样，每天都只有24个小时，但他却像变魔法一般，延长了自己的学习时间。对，他的魔法就是充分利用碎片时间，把那些看似没用的时间都拼凑起来，去做更有用、更有意义的事。很多时候，时间就像一支用完了的牙膏，只要你掌握了技巧，每次总能挤出那么一点来，关键是你愿不愿挤。

在哈佛，个个都是"挤牙膏"的高手，因为他们每一天的生活，皆与轻松、惬意等字眼无关，有位学子就曾这样调侃自己："我每天学习36个小时，休息10小时！"每天只有24个小时，哪来的36个小时呢？答案就是——充分利用每一秒钟！效率提高了，自然能在有限的时间内收获更多，而这也在无形中放大了时间，使得原本的24小时变成了36小时，甚至还能变成48小时。

生活中，不少人常抱怨自己的时间不够用，且这帮人还有一个通病，那就是对细小的时间全都视而不见，眼睁睁地看着它们从指缝中白白溜走。殊不知，要想拥有比别人多的时间，就必须抓紧每一个碎片时间，而不能因它太小、太短便选择放弃。所谓"积少成多、积水成渊"，即使再短暂的时间，只要你能牢牢地抓住它，去做有意义的事，那么这些事终将会体现出让你震惊的力量！

所以，亲爱的同学们，以后坐车、等人、排队的时候可千万别闲着哦！

♥学习日志

写作是不少人心中永远的"痛"，很多同学写作文都靠"憋"。语文老师常常这样告诉同学们：要想学好作文，一定要多读书！

谁不知道读书有益于写作，问题是这时间从哪来？每天除了要上课外，回家后还要提前预习、课后复习等，更别提还有成堆的书山题海等着，哪有时间读书？

这种观点大错特错，因为读书不一定非要拿出专门的时间，只要能利用好那些碎片时间就足够了。具体要怎么做呢？不妨来听听哈佛人的建议：每天早起床5或10分钟，在洗漱完毕准备吃早饭的这段时间里，站在空气清新的阳台上，伴随着朝阳读一个简短的小故事，或读一篇小散文。每天一小会儿，既不会损失太多睡眠的时间，又满足了阅读的需要，何乐而不为呢！

那些被浪费的时间都去哪儿了

一天过完，不会再来！

　　每次翻开书本，总觉得缺少点什么，于是，一会儿去找圆珠笔，一会儿又拿了包薯片，个把小时过去了，仍然还停留在第一页；每次打开电脑，总习惯性地先登个QQ、微信什么的，然后查看一下朋友圈，再跟朋友们互动一下，一两个小时后，才猛然发现自己啥资料都没找；每次出门前，不是忘了穿袜子，就是自己的作业不见了，翻箱倒柜地一通乱找，直到过了上课的时间⋯⋯

　　生活中，不少人都抱怨时间不够用，却从不思考自己有没有浪费时间，那些被浪费的时间又都去了哪？哈佛人的脑袋可灵光得多，他们藏着很多你不知道的小秘密，即使坐在食堂里吃着饭，他们嘴里谈论的也是学术课题；那些戴着耳机走在校园林荫路上的人，他们听的并不是流行歌曲，而是知名教授的公开课录音等。是的，他们从不浪费时间，只会高效地学习和生活！

正是这种高效的学习状态和生活习惯，成就了一个个哈佛人的辉煌人生！

说起哈佛天才，创造 Facebook 的马克·艾略特·扎克伯格绝对能算一个！

扎克伯格从小就喜欢程序设计，特别是那些沟通工具和小游戏，他在高中时期创作的音乐程序 Synapse Media Player，就曾被 PC Magazine 的五星评价评价为三星。虽然当时微软和美国在线都向他抛来了橄榄枝，可一直梦想能成为哈佛一员的他，却毅然决然地拒绝了两家巨头企业的邀请，选择了进入哈佛进修。

进入哈佛后，扎克伯格才明白了这里为什么能出天才，因为要想在哈佛顺利完成本科课程，就要在 4 年内修满 32 门课程的学分并通过考试，也就是说，哈佛学生一年至少需要修 8 门课才能完成学业任务。这可是个浩大而艰巨的工程，每门课都要做课前预习、课后复习及教授布置的作业，一般人光应付 4 门课就已经晕头转向了，可是扎克伯格似乎从进校门开始，就是个与众不同的存在。

在哈佛，扎克伯格依旧延续着他的"设计神话"，不断开发新的软件程序，大家都叫他"程序神人"。扎克伯格虽对程序设计有无限的激情，但他心里明白，要想随心所欲地设计自己喜欢的程序，就不能落下学校的任何一堂课，因为一旦挂科，便意味着他得分出时间和精力去补考，无法全身心地投入设计。

所以扎克伯格从不翘课，上课前他会阅读资料，做好预习，准备好上课时要提问的问题等，每天只有做好了这些准备工作，他才会丢掉课本去做自己喜欢的设计；而一上课，他的脑子就像自带了程序一样，将设计这事自动隐藏，立刻清空自己的脑袋，只专注于当前的上课内容；课后的第一件事，就是趁着课堂上的"余热"，以最快的速度做好教授布置的作业，同时完成下节课的准备。

瞧瞧扎克伯格这一天的安排，简直没有一点时间被浪费！也正因为如此，他学习、爱好两不误！不但各科成绩都达到了优秀的水平，而且在大二时，他还开发出了一款名为 CourseMatch 的参考选课程序。随后他又以此为蓝本，开发了名为 Facemash 的网页投票程序，使得哈佛的服务器被同学们灌爆，而这个程序，就是现在风靡全球的 Facebook 的初级版！

服务器的灌爆，对哈佛造成了极其恶劣的影响，校方除要求扎克伯格即刻关闭 Facemash 外，还勒令他为此事公开道歉。学校本以为这样的惩罚足够让大家远离这款软件，可谁曾想同学们却越发地喜爱了。大家的支持让扎克伯格非常高兴，同时他也做出了一个惊人的决定：辍学，建一个比学校的网站更棒的网站！

扎克伯格成功了！他用了 1 年的时间，将 Facebook 在全美网站中的排名由 60 位上升到了第 7 位，成为世界上最重要的社交网站之一，更让他开心的是，美国前总统奥巴马、英国女王伊丽莎白二世等众多政界大鳄都是 Facebook 的用户。就这样，扎克伯格成了世界上最年轻的亿万富翁！

也许说出来你不信，扎克伯格开发 Facebook 只用了短短一个星期，而他将 Facebook 发展成为美国排名第一的照片分享网站，也仅花了三年的时间。不得不说，是扎克伯格的高效率，成就了自己的事业和人生。他也用行动告诉了我们：在有限的时间内，能否完成更多的事，关系着一个人的成败！

不错，时间稍纵即逝，的确是不够用，哈佛人对此也诸多抱怨，只不过他们除了抱怨，还会千方百计地提高效率，他们从不放过任何一个可以利用的时间，更不允许自己三心二意地浪费时间。这就是普通人跟哈佛人的距离，中间隔着一条长长的"不专心河"，若想渡河，首先要做的便是让自己认真起来，不能像小花猫那般一会儿捉蜻蜓，一会儿又追蝴蝶！

当然，没有谁一出生便能认真地对待每件事，你大可不必为自己的散漫而自责、苦恼，只要从现在开始与它为敌，相信用不了多久，就能彻底"打败"它，让时间变得充裕，使效率提高，令成绩斐然！

❤学习日志

同样数量、相同内容的作业，有些同学 1—2 个小时就写完了，而有些同学却得花上 3 小时，甚至是更多的时间。为什么会这样呢？原来，在写作业时，耗时多的那帮人总爱搞点"小动作"：一会儿口渴了要喝饮料；一会儿又觉得肚子饿了，要找点东西吃；如果家里有人在说话，还会忍不住要"参与"一下……

对于学习，如果无法静下心来"潜入"其中，那么学习的效率也必然高不到哪儿去，因为这些看似不经意的"小差"，会不断分散我们的时间和精力，从而导致时间白白地流失。对此，哈佛人的建议只有一条：专心、专心、再专心！我们可以在写作业之初留出时间，把那些个乱七八糟的"杂事"先搞定，然后告诉自己：要学习了，任何事都不能打扰我！这样沉浸于学习，效率自然能提高！

任何理由都是借口，现在就行动

勿将今日之事拖到明天！

　　只要是从哈佛毕业的人，即便没有功成名就，也能直奔小康，甚至连没毕业的"异数"们，都获得了成功——主修法律的比尔·盖茨从哈佛辍学后，创立了影响世界网民的微软帝国；主修社会关系和非洲研究的邦妮·瑞特从哈佛辍学后，成了华纳公司的签约歌手，并在之后的 40 年歌手生涯中，拿到了 10 个格莱美大奖；詹姆斯·布雷克从哈佛辍学后，成了男子网球世界排名的第 4 位……

　　这帮在半路"抛弃"了哈佛的人，虽舍弃了名牌大学的光环，却依旧获得了巨大的成功，甚至可以说，正因为他们果断地放弃，才收获了比正牌哈佛毕业生更大的成就。难道哈佛大学是一所魔法学校？但凡进去的人，再出来就定能获得成功？答案是肯定的！只不过，此"魔法"并非哈利·波特的那种魔法，它的名字叫——行动力！哈佛的索菲亚能带领我们见证"行动"的奇迹！

　　索菲亚是哈佛大学艺术团的歌剧演员，更是哈佛人心中的"歌剧皇后"，她从不吝啬展示自己的梦想：等从哈佛毕业后，就前往纽约的百老汇，在那里占据一席之地！一直以来，索菲亚都做着这个梦，为百老汇而努力，直到一个人的出现，让她彻底改变了对待梦想的态度。这人是谁？这个人就是索菲亚的心理老师！

　　作为哈佛的风云人物，索菲亚免不了四处演讲，每次她都会提及自己的"百老汇梦"，有一次她的心理老师恰好就坐在台下，索菲亚下台后，心理老师找到她，二话没说，劈头盖脸地问道："你现在去百老汇和毕业后去有何差别？"

　　心理老师的提问，让索菲亚对自己的梦想有了新的思考：

　　"我究竟是不是真的要去百老汇呢？"

　　索菲亚的脑海立刻跳出一个答案："当然要去！"

　　"哈佛的学习内容和毕业证书，能让我在百老汇取得工作的机会吗？"

　　索菲亚思考了许久，才蹦出一句话："是的，不能！"

　　索菲亚的内心悄然发生了变化，尽管哈佛不能给她带来实现梦想的机会，她也想为自己留一年的时间来思考、权衡，然后再决定究竟要不要放弃哈佛的学习。于是她把这个答案告诉了心理老师，但老师对她的答案明显不满意，因为老师稍稍皱了一下眉头，并继续追问道："你今天去和一年后去又有什么差别？"

面对老师的提问,索菲亚想了想,自己如此热爱歌剧,即使再过一年,也会不改初衷,那么又何必浪费一年的时间呢?豁然开朗的索菲亚这次直接对老师说:"那我就把这个学期上完,等下个学期再去吧!"索菲亚刚刚回答完,她的心理老师紧跟着又问:"在你心里,现在去和下个学期再去是有差别的吗?"

"当然有!"索菲亚本想辩驳一番,却不由得沉默了,因为她已经意识到,既然决定了要离开哈佛,确实没必要再耽搁几个月,这纯粹是在浪费时间!于是她告诉老师:"请给我一个星期的时间办理手续,准备一下,下个星期就出发!"可心理老师却依然步步紧逼:"那你觉得,明天去和下个星期去,有何差别?"

此时的索菲亚已被心理老师的激情点燃,并瞬间明白了老师的良苦用心,于是立刻回答:"老师,我知道该怎么做了,所有日用品在百老汇都能买到,根本不需要做什么准备,但还请给我一天时间去办理退学手续!"就这样,在心理老师的提点下,索菲亚第二天就飞往纽约,奔向了世界艺术殿堂——百老汇!

到达纽约后,索菲亚正好赶上一位百老汇的制片人在为自己的某部经典剧目挑选主角,她自然不能错过这个机会。尽管有数百人在跟她竞争,而且这些竞争者中还不乏知名的艺术家,但索菲亚却依然能够脱颖而出,获得自己在百老汇的第一个歌剧角色,实现毕生的理想!值得一提的是,从索菲亚离开哈佛大学，到站在百老汇的剧场里排练，她仅仅用了短短半个月的时间！

试想，倘若索菲亚瞻前顾后、犹豫不决，真的等从哈佛毕了业再去百老汇，那么她的人生又会是怎样一番光景呢？或许她还是能成功，但与现在的成就相比会稍逊一筹，因为她无端耗费了几年宝贵的青春和生命；当然，她也可能不会成功，因为在她耗费青春的那几年里，没准会一个不小心就弄丢了梦想。

很多人都像索菲亚那般怀揣梦想，却鲜少有人能幸运地遇见那位心理老师，年复一年、日复一日地蹉跎着岁月，直到梦想变成了如幻的泡影！假如我们能抓住一切的憧憬，实现一切的理想，执行一切的计划，那么即便是没捧回一尊耀眼的奖杯，也能拥有一个灿烂的人生，到那时又何愁不成功！

世人皆知，空有想法却不付诸行动会错失成功的机遇，却不知行动也是具有时效性的，必须立刻行动才能有所收获，若一味地光说不练或是纸上谈兵，便会失去建立梦想最初的激情，久而久之，梦想便只能停留在脑海中，永远都不可能梦想成真！千万别觉得这是在危言耸听，你敢说那些整天无所事事、游手好闲的人就没梦想？他们照样有，只不过，早已消失在一次次的拖延之中了。

所以，少找一些借口，现在就去行动吧！

🎔学习日志

　　生活中，很多人在执行计划、实现梦想时，总有一种"节点情节"，如本打算每天读点书以增加知识，但脑海里却蹦出家里书不多的信息，于是便告诉自己，下星期开始也不迟，反正这星期也快完了；原本计划好好锻炼身体，可心里却想再过几天"好日子"，所以顺理成章地将计划移到了下个月……

　　这样的事在我们周围比比皆是，甚至我们自己就是其中的一员。要做出改变，你就要相信自己所做事情的伟大价值，不被那些阻挠和诽谤左右自己的思想，只有这样，才能最终成就伟业！换而言之，即别找理由不去行动，更不要受外界的那些干扰，有梦就去追、有目标就去实现、有计划就去执行！

要想不浪费，就把时间用在刀刃上

明天再美好，也不如抓住今天多干点实事！

　　在哈佛，不少学生都有一本自己的专属日历，上面记载着他们每天乃至一周要做的事，如学习、社团活动、社会实践等等，而且每件事之间皆连接得十分紧凑。很多普通人别说是把这些事一件件做完，甚至连看看这些计划，都会觉得一个脑袋两个大。为什么？因为他们的计划简直太多了，已经精确到了每一分钟！

　　难道哈佛人把大学都过成了高三冲刺？身在哈佛的惠芬会告诉你，这里的大学生活跟普通大学完全不同！相对于普通大学严进宽出的政策，哈佛的大学生活简直可以堪称"第二个高三"，甚至比高三更紧张。所以没有一个哈佛人能优哉游哉地度过大学，而是抓紧每一分钟，用知识武装自己，以兴趣丰富自己！

　　没上哈佛前，惠芬对它的印象还停留在普通大学的模样上，觉得自己终于被锁进了保险箱，可以好好地轻松一下了。可到了哈佛后，她才发现这里完全不是那么回事，每个同学都跟打仗似的抢时间，仿佛明天就是世界末日了一般！

最让惠芬感到诧异的是，她在哈佛上的第一堂课，教授说的居然不是什么专业知识，而是讲了与专业完全风马牛不相及的内容：时间！课堂上，教授向大家反复强调了时间的管理："明天是否是充满希望的一天、是否是美好的一天，取决于你是否能抓住今天多做点实事！"教授的目的很明确，那便是希望他们这帮新人能珍惜时间，能不因时间不够而手忙脚乱，能不因浪费时间而学无所得。

面对如此另类的哈佛、如此感性的教授，惠芬的内心触动很大，她决定要做好时间的"主人"。于是她买来一个笔记本，做了本独一无二、专属于自己的日历。首先，她把所有事逐一填入日历，然后再按照时间的先后顺序、事情的轻重缓急，用不同颜色的笔标注出来，以便自己能对所有事都一目了然。

每做完一件事，惠芬就会在日历上用"×"划掉该事件。随着时间的推移，她的日历本上已密密麻麻画满了"×"，看着上面越来越少的内容，惠芬的满足感却越来越大。为什么呢？因为在那一个个大"×"的背后，隐藏着她满满的收获，有知识也有技能，更重要的是，这能让她真切感受到哈佛的学习时光。

在哈佛学习的这段时光，惠芬从不浪费一丁点时间，因为她知道，每一分、每一秒都非常宝贵，只有认真地对待它们，才能不枉来哈佛走一遭！当然，她也因此每天像只陀螺般高速运转，转出了自己的精彩生活。在过去的三年里，她非常享受这种忙碌的感觉，不但每年都修满了学分，还参加了大量的课外活动，建立了丰富的社交圈子，这让喜欢结交朋友的惠芬十分满意！

在哈佛，最常看见的一幕是：课堂上的教授个个口沫横飞、速度飞快，而下面听讲的学生们则聚精会神，抄笔记，提问题，时不时讨论，人人都忙得有条不紊；在哈佛，经常能听见这样的话："明天再美好，也不如抓住今天多干点实事"；"给重要的事情留出必要的时间，是保证自己有序完成工作任务的前提条件"……

每位来到哈佛的学生，都怀揣着美好的梦想，可若想把梦想变成现实，他们所要付出的不仅仅只有努力，还有比别人更多的时间！正因为如此，你很难在哈佛看见偷懒的学生，更没有谁敢在这消磨时间，他们都深知，人生没有后悔药，时间没有回头路，任何挥霍时间的行为，都是对生命最大的浪费！

的确，没人能找回曾经浪费掉的一寸光阴，那些被我们消遣过的时光已一去不返，无论你是捶胸顿足，还是跪地恳求，它都不可能回头。虽然我们无法找回流逝的时间，却能尽量去弥补这一块的空白，只要紧紧抓住今后的时间，把它们全都用在刀刃上，那么即便是补不上空白，也能减少很多人生的遗憾！

可能有人会想："我正值青春年华，有大把的时间可以挥霍，怕什么浪费！"这种想法大错特错，年轻的确是一种本钱，但这并不意味着你就可以浪费，相反，你更需要学会珍惜时间，否则便只能一辈子浪费时间了！亲爱的同学们，成功要趁早，惜取少年时！

学习日志

随着网络和电子设备的普及，越来越多的人把时间耗在了手机和电脑上，虽然有些人是用它们干正经事，但据不完全统计，90% 以上的网络资源耗费在了休闲娱乐上。你是否也有这样的毛病：写作业时总会偷瞄自己的手机，一看见有新消息，不是立刻回复对方，就是打开网页看新鲜、凑热闹；上网找资料时，总习惯性地开 QQ、刷网页、看新闻、逛淘宝，等回过头一看，个把小时没了。

对此，我们不妨学学哈佛人的经验：戒掉一切浪费时间的坏毛病！比如，写作业时，有意识地把手机拿开，或者将它放在较远的地方；不需要网络时，主动拔掉电脑的网线等等。只要能把我们和这些诱惑的源头彻底隔离，便可以从根源上切断我们的念想，到那时，即便是我们想浪费点时间，也没其他事可做了！

时间使用指南

只有善于管理和利用时间的人，才能让时间的效用发挥到最大！

　　如果你认为紧张的节奏和繁重的课业会把哈佛人变成"书呆子"，那就大错特错了，他们的课外活动非常精彩，无论是唱歌、跳舞、钢琴、小提琴，还是足球、篮球、下棋、辩论赛，哈佛人都照样玩得转，而社会实践的活动他们更是从不缺席。他们为什么能在有限的时间里，既完成了学业，又能兼顾自己的兴趣呢？原因很简单，那就是每一个哈佛人，皆是合理使用时间的佼佼者！

　　有人可能会问：这帮哈佛人究竟是怎么做到的？其实，每个哈佛人都会制订长期计划和短期计划，大到学业安排、人生规划，小到每天要做哪些事情。一般情况下，他们会在每晚睡觉前，先制订好第二天的学习和生活计划，从什么时间起床，到起床后干些什么、用多少时间，皆会事无巨细地进行合理安排！

　　来到哈佛，李劲面对的第一个难题就是语言，尽管他在国内时英语非常好，可一出国门，他的那点英语就完全不够用了。教授在课堂上所讲的内容，他只能勉强听懂一部分，更要命的是，课后作业竟然也得用英文来写，这种种迹象表明，要想继续在哈佛大学混，他就得利用课余时间提升自己的英语水平。

　　作业多，困难大，为了能在期末修够自己的学分，李劲不得不忍痛牺牲自己的爱好，并且还要压缩睡眠的时间。从此，凌晨2点才睡成了他的习惯，而且睡不到两三个小时，他就得起来学习。现在回想起那段时光，李劲都忍不住称其为"炼狱"，他还说过这样一句话："鬼知道我在那经历了什么！"

　　学习的痛苦在李劲眼里不算什么，最让他郁闷的是，周围的同学虽同样刻苦，但课余生活却相当丰富，大到登山探险，小到乐队组团，他们总在紧张的学习之余，享受课外活动带来的快乐。为什么自己不能像他们一样呢？于是李劲当即下定决心：不能再这么日夜不分、昏天黑地地过日子了！

　　通过向其他的同学请教，李劲制订了一份学习计划，他把一天的时间大致分为四类：1/4上课，1/4自习，1/4课外活动，1/4解决生理需要（如吃饭、睡觉等）。更绝的是，这些内容并不是单独存在的，而是相互穿插、彼此配合着的，这就需要经过精密的计算了。为此，他把所有事需要花费的时间都算了一遍，甚至连从宿舍走到教学楼、从教学楼走到食堂需要几分钟，都列得清清楚楚。

　　如果你认为这就算完成了计划，那就太小瞧了李劲的实力，这远远达不到他的要求。他还把每天要办的事都列了条目，并按照重要、次重要、非重要依次排列，然后把最重要的事放在自己精力最旺盛的时候来做，次重要的事则放在一天中不太重要的时间里完成，而非重要的就利用零碎的时间捎带着完成。

　　在这份近乎完美的学习计划下，李劲在修完学分之余，不但参与了各种社团的活动，还成了学校的志愿者，去海地教难民的孩子们数学！

　　李劲从一个不会分配时间，把自己搞得筋疲力尽的"菜鸟"，晋升为懂得有效管理时间、合理安排时间的"高手"，虽然吃了不少的苦头，但收获也是相当的丰厚。在李劲的身上，我们不难发现一点：成功往往更青睐于懂得支配时间的人！的确，只要你能在有限的时间内，比别人做得更多、更好，那么你积累的知识、经验、能力等等，都能比其他人略胜一筹，成功的概率自然也会更高！

　　哈佛大学的哈力克教授曾说过："世界上大部分人都是因为不会管理自己的时间，而让时间白白溜走，进而导致最终一事无成！"为了能让学子们避免这最坏的结果，哈佛可谓是拼尽了全力，它从不允许学生有半点松懈，从踏入校门的那刻起，他们就开始被灌输管理时间的概念：如何利用时间，会给时间赋予不同的意义，只有善于管理和利用时间的人，才能让时间的效用发挥到最大！

那他们的"时间使用指南"究竟是什么呢？

小段时间更好用

很多人都有这样的毛病，那就是总想找个大块的时间去完成某件事，可一天只有 24 个小时，哪来那么多大块的时间给你用！对此，我们不妨把自己想要的大块时间分成几个小段，这样用起来会方便得多。比如，想读完一部长篇小说，却没有整个上午或下午的空闲，就可以利用每天的午睡时间、饭后时间、睡前时间等看上一点，时间一长，别说是一篇小说了，没准几本书都能看完！

要事得摆在第一位

我们之所以会浪费时间，常常是因为搞错了对象，比如你花了大量的时间去阅读，却没提笔写一个字，结果还是不会写作文……这样的本末倒置，必然会导致得不偿失。所以，要想有效地管理时间，就得将要事始终放在第一位，设定优先顺序，分清轻重缓急。

必要时一心得二用

世人皆说"一心不能二用"，殊不知对于时间来说，一心二用很有必要，不但能事半功倍，还可以提高效率！如坐公交时，你可以看看课堂笔记，或是听听英语教程什么的，这样在汽车行驶的过程中，既没耽误乘车回家，又学到了知识，简直是一举两得！若能保持下去，时间一长，收获也是相当可观的！

❣学习日志

  在学习的过程中，不少人都既没条理，又没目的性，比如，数学老师布置的作业、不管难易，也不看量多还是量少，抓起来就开始做，谁知被道难题绊住了脚，跟它死磕了半天，最后才发现，自己难题解不开，容易的没时间做。当你做完所有的作业一看，竟远远超过了自己预期的时间，其他学科的作业怎么办？

  对此，用哈佛人的"时间使用指南"就很容易解决。首先，写作业前，先粗略地过一遍内容，分清楚哪些难搞、哪些自己搞得定，然后再开始动笔。其次，在做简单题目的同时，若碰到跟某道难题有点相似的题目，可以开个小差，思考一下解决的思路，这样，等到做那道难题时，便能缩短思考时间，提高效率！

第七章

哈佛"创新论"：
只要能成功，与众不同又怎样?

只要你能改变自己的思维，就可以改变这个世界！

哈佛毕业生的成功秘诀

创新并不是天才们的游戏！

想知道哈佛人成功的秘诀吗？答案其实很简单——创新！哈佛校长的一段话便是证明：想成为哈佛的学生，光学习好是不行的，还要有开天辟地的创造性；仅有知识是不够的，还要有探索未知的好奇心；单钻研专业是不足的，还要有丰富的想象力！

没错，哈佛一直致力于创新教育，不断激发着学子们的灵感，从而使得他们能以新的角度、按照新的思维认识世界，去想别人不敢想的事，干别人不敢干的事。哈佛毕业生之所以能取得成功，正是因为他们身上涌动着不竭的创造力，汤玫捷便是例证。

若要论学习成绩，汤玫捷并不属于拔尖的那一拨，她在就读复旦附中的时候只能排百名左右，然而她却凭借超强的综合素质和创新能力，被哈佛大学提前录取！

进入哈佛后，汤玫捷更是创意无限，最值得一提的便是"哈佛峰会"了！

2005年的秋天，汤玫捷已在哈佛学习了一年的时间，这一年给她最大的感触便是：哈佛的教育确实有很多优点！当时只是哈佛大一学生的汤玫捷脑洞大开，想创办一个由学生举办、面向学生的交流夏令营。她给该夏令营取名为"哈佛中美学生领袖峰会"，旨在向中国推行哈佛式教育实验。但她深知，若整套照搬哈佛的教育模式，中国的学子们非但学不到东西，甚至还会适得其反，可如果只吸收适合中国国情的哈佛教育优势，那中国的教育定能向前迈进一大步！

汤玫捷用哈佛录取学生的模式，先从各省、市、自治区和特别行政区报名者中，选出600多名综合素质较高的高中生，然后让他们跟来自中国顶尖大学的学生们汇合，同哈佛明星志愿者一起度过9天"准哈佛"式的集体生活，从而让中国学子能身临其境的体验一把"在哈佛学习"！

在这短短的9天里，汤玫捷不但给中国学子们安排了各种哈佛大学的经典教学模式，还有一系列哈佛校园生活的体验。既有微型堂课、名师讲座、"中国大智汇"等严肃认真的知识传授，也有联合国模拟庭、小型圆桌讨论会、社会公益项目比赛等轻松活泼的能力训练。这些活动形式至今还在延续。

"哈佛峰会"的成功举办，几乎让汤玫捷一夜成名，她不仅成了哈佛的风云人物，还获得了各界青睐，《纽约时报》更是罕见地用了 15 页头版来报道她！

其实，不仅仅是哈佛毕业生的成功源自创新，这世上的人都是靠创造力，才敲开了成功的大门，甚至可以说，人类若没有创新的能力，没准今天我们还过着推独轮车、点油菜灯的生活！

当然，有些人并非是不想创新，而是觉得自己学习没天分、成绩更是平平，拿什么去创造一个新的世界，创新这事还是交给那些"拔尖"的人才吧！实际上，哪怕一个人天生存在智力障碍，也能具有较高的创造力，著名作曲家罗忠镕之子罗铮就是一个证明，他创作的画和乐曲令世界震惊！

世人总喜欢把创新想得高深莫测，从而切断了自身创造力的培养和发展。殊不知，创新这门艺术一点都不神秘，更不复杂，每个人都可以拥有，只要我们始终保持创造的冲动和欲望，就能不断发现出新的领域，创造出新的奇迹。所以，亲爱的同学们，千万不要被已有的新奇现象所迷惑，也不要被日常例行的生活模式所麻痹，而应该经常提醒自己：保持新鲜感，我一定还能发现这个世界的奥秘！

❤学习日志

对于创新，有些同学可能会说：我现在不需要什么辉煌的人生，只是想搞好自己的成绩而已，这也要创新吗？答案是肯定的，学习必须得有创新精神，甚至比其他事物更需要新的思维，否则你就不是在学习，而是在"抄袭"，在"剽窃"，只有重新过滤那些自己学到的知识，才能让它们变成真正属于自己的学问！

哈佛就常鼓励学子们凡事多问几个为什么，而且它也从不反对任何挑战权威的举动，甚至还无限欢迎，因为它要培养的不是"榆木疙瘩"，而是敢于质疑、善于质疑的创新人才！

想改变现状，请先改变思维

只有打破常规，才能产生新的观点和想法！

在哈佛，没人会关注教授是否有名，出过多少专著，究竟是博士还是硕士，只要能为学子们提供思维碰撞的平台，那么他就是最优秀的哈佛教授之一！正因为如此，哈佛从不提倡"填鸭式"的授课方式，而是引入课堂自由讨论的教学模式，以自由的学术氛围和独立思考的风气来刺激、训练学生们的思维模式。

所以，若哪天你去了哈佛，看见教室里五六十个学生都跟教授围坐在一起，而且那帮学生还你一言、我一语地吵个不停，可千万不要惊讶，他们不过是在上讨论课罢了！通常，教授在上这种课时很少讲话，只是偶尔站出来引导或协调一下，大部分时间都是学生根据课后查阅的资料各抒己见，让思维相互碰撞！

从哈佛毕业后，李健就进入一家百货连锁企业，现已是华中地区的销售部经理。这天，他正在审阅公司这一季度的销售业绩，发现某市分店的业绩每况愈下，几乎已经接近亏损的底线，为了查明原因，他亲自来到这座城市了解情况。原来，在该分店对面不足一百米的地方，新开张了一家大型百货公司，不但经营的品种齐全，而且价格还十分低廉，招待顾客的手段也非常高明。

很显然，分店无论在硬件还是软件方面都无法与这家新公司竞争。于是李健立即召开了一次紧急会议，商讨突破困境的办法。会议上，有的人认为应该扩大投资，跟那家百货公司比拼实力；有的人提出应该改变经营品种，避免与那家百货公司竞争；还有人觉得，干脆将分店迁到别的地方，重新开拓市场……虽然大家提出的方法都有一定的合理性，但李健却觉得都是些常规方案，效果如何，令人怀疑，没准一个不小心还会赔了夫人又折兵。

在这种左右为难的情况下，李健想起了上大学时哈佛商学院导师的一句话："想改变现状，先改变思维。"经过苦思冥想，他终于想出了一个超常规的方案。

李健发现，那家百货公司与别的商店一样，营业时间是上午9点到晚上8点。于是他调整了分店的营业时间，将以前的"朝9晚8"改为上午6点至10点，以及下午5点至深夜12点这两个时段，这样一来，便跟那家百货公司基本错开了，同时也满足了喜欢早上或晚上购物的顾客的需要，可谓一举两得。

调时后的效果很快得到了验证，这一举措不仅扭转了分店惨淡经营的不利局面，还让分店的生意越发的兴隆，因为大多数上班族都是早出晚归，新的营业时间，正好为他们提供了便利。并且，分店独特的营业时间在当地绝无仅有，这使公司的知名度大增，还为拓展其他城市的业务创造了有利条件。李健也因这一方案成了华中地区的总监。

也许有人会觉得李健不过是运气好，殊不知，他的成功并非偶然，而是一种必然，因为他那与众不同的思维模式，即便遭遇的不是一次分店亏损危机，也能在问题出现之前及时地补救，从而在职场中扶摇直上。但可惜的是，很多人都走不出自己的思维定式，被宿命追着满大街乱跑，其实只要我们敢跳出早已设定好的框架，就能看见别样的人生风景，甚至还能创造新的奇迹。

不过改变思维模式却并非易事，脑子里那些形形色色的思维定式，在日积月累中早已根深蒂固，要想"扳倒"它们，简直比登天还难！且不说什么权威定式、专家定式，仅埋藏在脑海里的生活习性，很多人都无力挣脱，只能选择顺从和视而不见。这种固定的思维模式，压根就是自己给自己下了个套，一旦钻进去了，思想便会被禁锢，再也没法自由了。

一个人在熟悉的环境中生活久了，就会渐渐形成一种依赖，哈佛人也不例外，但他们却敢于打破常规，甩掉阻碍自己创新的思想包袱，甚至对于别人认可、赞赏的成绩，他们都能轻易地将之否定、抛弃。正是这种否定过去的魄力，让哈佛人拥有了更新观念的胆识和勇气，从而创造了一个个新的奇迹！

改变思维是战胜现实的法宝，唯有超越传统习惯的束缚，摆脱原有知识的羁绊和思维过程的禁锢，才能发现新事物、提出新见解、解决新问题，从而产生新的成果。亲爱的同学们，凡事别太依赖习惯，应该换个位置、换个角度、换种思路去思考，这样没准在你面前的就是一番新天地了！

❤ 学习日志

　　当今社会，不论是科学研究、艺术创作、军事决策、企业经营，还是读书学习、人际沟通、自我规划、事业发展等等，都需要有高超的思维能力，因为我们正处在一个高度智能化的时代，提高自身的思维能力，不再是对某个人或某类职业的要求，它已渗透到了各个层面，成了所有人的需求，这是新时代的竞争规则决定的，要想参赛就必须遵守这种规则，否则便会被无情地淘汰出局。

　　独立思考是学生提高思维能力的有效途径！在他们看来，搞清楚问题最终的答案固然重要，但更为重要的却是解决问题时的思考过程。我们大可以借鉴哈佛的思维模式：不轻易接受别人的观点，哪怕对方是权威、是专家，都要把他们的观点在自己的大脑中思考一下、过滤一遍！

想法很重要，它能让你与众不同

任何事你都必须先想得到，继而才能够做到！

哈佛从不给学生设定标准答案，不是教授们太"奇葩"，而是他们认为，很多问题都没有绝对的唯一性，只要学生们的想法接近正确，并能适应当前的形势变化，那就是正确答案！在哈佛，教授们重视的是思考方法，而不是最后的结果，正是这种教学方式，激发和培养了学生们的创造性思维，让他们在分析问题时能充分发挥想象，不断去寻找更好的答案！

为了增强学子们的思考能力，哈佛经常把他们丢到现实里去实践，以迫使他们绞尽脑汁地想办法，不断挑战自身智力和能力的极限，无论熟不熟悉，也不管明不明白，哪怕是遭遇没见过的问题，他们都得硬着头皮上。这种做法的确有点残酷，却是培养能力、刺激想法、锻炼思维敏锐性的最佳途径。

随着一阵清脆的上课铃声，哈佛学子们陆续走进教室，开始了今天的课程！

课堂上，只听见教授洪亮的声音："同学们，今天我要跟大家讲一讲中世纪的一套学术理论。虽然它的出现如昙花一现般短暂，但它对历史的影响却意义深远，尤其可以反映出当时宗教与主流派系的霸道，它们不但禁止了这套理论的传播，还阻止世人将其载入史册，直至近期才被我们挖掘出来……"

教授在课堂上侃侃而谈，学子们则在下面认真地做着笔记。整堂课下来，同学们通过聆听、分析与相互讨论等方式，已经完全掌握了这套学术理论的所有内涵，甚至连它可能影射的社会现实也都了然于胸。课后，学子们对自己这堂课的表现和收获皆表示满意。

这天，教授对同学们进行了一次测验，其中便有道关于这套理论的题目。

测试结果没得分的同学很好奇答案是什么，于是借过得分同学的试卷来看，只见上面不是写着"因无相关资料支持该理论，所以我个人觉得……"，就是写着"由于各类文献中皆无相关记载，所以我本人认为……"

面对这些学生们的疑惑，教授给出了解释："其实，那套学术理论压根就不存在，是我有意杜撰出来的，所以这道题考的并不是理论知识，而是你们的思维能力，那些有自己想法的同学自然能得分，因为他们敢于质疑我，更敢于创新！"

教授的这番话，令他们一片哗然，同时也引发了大家的深思。

教授继续说道："同学们，其实我的把戏很容易识破，我既然已告诉你们没任何证据能证明这套理论曾出现过，又怎么会如此熟悉它的背景和相关资料呢？我说得越详尽便越容易暴露谎言，但你们却对此深信不疑，根本不去查证，更不自己思考，只知道一味地生搬硬套，这哪配做以创新为目标的哈佛学子！记住，这世上没什么是绝对的，凡事都要自己多想想，千万别让脑袋'睡大觉'！"

怎样？见识过哈佛教授的手段后，你是否也觉得不可思议呢？其实大可不必惊讶，因为无论他们耍什么花招，其目的都是为了培养更优秀的人才！从上面这位教授的话里，我们不难发现哈佛对想法的重视，相对于按部就班的普通学生，它更喜欢那些有思想、有创造力的"另类"，即使他们独树一帜、特立独行！

只可惜现在的人大多都喜欢人云亦云，总想去复制别人的成功。跟着强者走没有错，但错的是，那些是别人想走的路，并不是你的！你要走的那条人生路，必须经过脑袋去思考、去发现、去改变，这样你才能获得属于自己的成功，哈佛有成千上万的人获得过成功，但他们走得却是各自不同的路，没有重复。

这个世界上，既没有一成不变的事物，也没有一成不变的规则，更没有一成不变的人，正是这点推动了社会的进步，亦是这一点，给我们出了太多的难题，所以不少人都随着社会而变、随着潮流而变，甚至随别人的喜好而变。对我们来说，改变是一种必然趋势，否则就无法进步，但它的出发点不应该来自外界，而应当是新的思考方式，唯有改变那些陈旧的想法和观点，才能变得与众不同！

所以不管怎样，你都要有自己的想法，哪怕别人笑你是异想天开！

❤ 学习日志

　　人是一种惯性动物，抗拒改变是自然反应，也是必然的过程。这个社会，并不是每个人都能第一时间接受改变、接受新事物，因为这往往意味着要放弃早已习惯的旧生活模式。有些人天生是拒绝改变的，或者说抗拒改变是他们的本能。可没有大胆的尝试，又哪来文明的进步，哪来的现在高速发展的社会？

　　我们可以把大脑的思维当作一种技能来进行训练，就像训练绘画技能、口才技能、运动技能一样。思考的本能不等于思维的能力，任何一种能力的获得，都是反复训练的结果，没有人生下来就会创新，也没有人天生就有自己的想法，这些能力皆是后天培养出来的。若想提高自己的思维能力，就必须把它当作一种技能反复训练！

留住每一个创意，没准哪天就成了

凡事只要加上一点创意，就能变成独门生意！

若要介绍哈佛大学的创意，那三天三夜都说不完，人们还给哈佛起了个绰号，叫"最前卫的发明园"！在这里，每一个哈佛学子都是"潮人"，无论是当天最新的热点和资讯，还是时下最潮的科技手段和工具，他们都能第一时间掌握，若有人还靠看电视来了解新闻，就会被大家当作"老古董"！

在哈佛，很多学生只需带个"无线上网本"来上课即可，因为教授们压根不是在讲课，而是在进行网络直播，他们每天所讲的内容都会同步上传到网上，学生动动手指点开网页就能学习，即使有些同学一个不小心没来上课，也能在课后打开网页搜索课程视频来学，哪怕半夜爬起来学都行，其中有位叫彼特的教授上课更有创意！

哈佛有位著名的数理经济学家，他上课非常有创意，大家都亲昵地称他为彼特教授。他为了留住每一个不期而至的灵感，竟养成了一种"怪癖"，那就是无论何时何地，总随身携带着小字条，以记录自己那些突发奇想的念头。

学生们常看见彼特教授走着走着突然停下，从裤兜里掏出一张小字条，写上几笔后又塞回去；即使是吃饭时他亦会忽然停口，拿出小字条匆匆记下自己的新想法；甚至在授课时，若哪位学生激发了他的灵感，他也不忘在小字条上记下一笔。他最具创意的就是上课从不带讲义，而是拿着这些小纸条去，没事就从上面给学生们提几个难题，他这种特立独行的授课方式，让大家是又爱又恨！

这位彼特教授上课都说些什么呢？一起来看看他的小纸条吧！

"若公司被兼并，你可能会丢了工作，但不兼并会降工资，怎么选呢？"

"作为总统，如果救一百位公民要牺牲掉两百个士兵，还救不救呢？"

"一个大集团的老板遇到了经济危机，倘若关闭旗下的一家子公司，能给集团节省不少日常开销，只是要赔偿给员工们一大笔遣散费，到底关不关呢？"

"刹车突然失灵，正在行驶的这条轨道上有3个人，而另一条轨道上只有1名清洁工，如果火车可以转向，是救那个清洁工，还是救另外的3个人？"

"马路上一辆汽车正朝着几位行人驶去，恰好你旁边站着一个人，只要你用力地推一下他，就能阻止这场灾难的发生，可是要牺牲那个人，推不推呢？"

"凌晨两点，医院的急症室来了个重伤的小孩，同时进来的还有5个出车祸的人，如果医生去救那个小孩，那5名出车祸的人就会因抢救不及时而死，可倘若医生选择救这5名出车祸的人，那位可怜的小朋友便会死，医生会如何选择呢？"

……

不难看出，彼特教授的确是创意无限，这些想法和念头不但奇怪，而且真能难住不少人。正因为如此，很多哈佛人都从中学会了思考、想象和创新！

老师的职责是传授知识，但这并不表示就非得抱着讲义去说，也可以用其他学生们喜欢的方式去授课，哈佛的彼特教授便是最好的证明，他的创意不仅让哈佛人学会了知识，更使他们乐于学习。

我们需要改变对创意的态度，学会珍惜自己的每一个创意。创意靠的是灵感，而灵感是何其的珍贵，它时常如昙花一现，一旦错过便找不回来了，所以一定要想尽千方百计留住它！

最值得留住创意的原因，还是它能改变我们的生活，甚至改变我们的人生。若没有创意，人类就不可能从舞剑中悟到书法之道；莱克兄弟也无法受飞鸟启发而造出飞机；牛顿更不会因苹果落地而悟出万有引力……创意不仅仅是一种改变，还是成功路上的助力，有了它更能胜券在握！

　　亲爱的同学们，无论是冥思苦想出来的好点子，还是无可奈何之下的馊主意，都不要轻易地放过，哪怕是不经意间冒出的小念头，也得牢牢地抓住它，只要留住了这些创意，就能以备不时之需，没准哪天就成功了呢！

♥学习日志

　　常规给我们的生活带来了便捷，与此同时，它也给我们的脑袋上了把锁，关闭了那扇创意之门。要想打开这把锁，哈佛的建议只有四个字——打破常规！每个人都能拥有创意，只要你愿意去想、去思考、去发掘，便可以无限制地开发，成为最具创造性的人才。而能不能成为这样的人，关键就要看是否具有这种观念和意向，是否敢于创新、敢于打破常规。

　　遇事请试着去打破常规，从别人认为荒诞、离奇、不可思议的角度出发，大胆引进新的想法和观点，以激发创造力。只要有打破常规的勇气和推陈出新的胆量，那么人生也会给你一个意想不到的惊喜！

提升创新能力的方法

要想获得成就，就必须突破前人，敢于创新！

　　哈佛对教授采用的是"非升即走"的聘用模式，助理教授若好几年都混不到副教的位置，就得考虑回家去投简历了。留下来的人日子也不好过，他们得先熬过转正，再一路过关斩将，通过重重严格的审核，才算真正保住了自己的饭碗——成为哈佛的终身教授！

　　一位教授的能力如何，自然要看他的学生们学得怎么样了，所以为了"取悦"学子们，哈佛的教授们可谓是各显神通，每天不是翻着花样地讲说，就是变戏法似的授课，以致他们个个都成了创新的高手！作为一名哈佛的教授，不但得是学者、激励者，还必须是个魔术师和好演员，因为要想把课上得更精彩，仅靠自己的学识和资源是不够的，还要以不同的身份来完成各种创新！

　　在哈佛大学的实验室里，丽莎·蓝道尔教授正在做一项物理实验，实验的目的是为了研究核裂变。谁曾想，她竟发现一个微粒离奇地消失了，这引发了丽莎教授浓厚的兴趣，为了研究这颗微粒的去向，她做出了各种猜想，她觉得该微粒应该不会跑远，虽然核裂变会产生巨大的能量，但一颗小小的微粒却掀不起什么风浪，所以这颗微粒很可能就隐藏在附近的某个地方。

于是丽莎教授沿着这个想法继续研究。通过查阅相关典籍和资料，她有了一个十分大胆的设想，但由于这个想法太过创新，她始终都对外界守口如瓶，一直在等待一个合适的契机。终于，她等来了这次机会——日本东京大学给她发来了演讲邀请，她决定趁机公布自己的新物理概念，让人们重新认识这个世界！

站在东京大学的演讲台上，丽莎教授说道："我们的世界中，存在着一个人类所看不到的第五维空间！"此言论一出，立刻在物理界引发了一次地震。为什么？因为根据伟大科学家爱因斯坦的理论——广义相对论，人类生存的三维空间再加上时间轴，构成的是"四维空间"，她现在竟然整出了个"第五维空间"，这不明摆着是在挑战权威、打破常规，并跟爱因斯坦的粉丝"拉仇恨"吗？

消息很快就传遍了整个地球，为了让大家都能体验一把"五维空间"，丽莎教授写了本名叫《弯曲的旅行：揭开隐藏着的宇宙维度之谜》的书。这本呕心沥血的著作一经面世，就被有名的《纽约时报》选入了"100本最佳畅销书"里，同时丽莎教授还被《时代》杂志评为全球"100名最有影响力人物"之一！

当然，最重要的是，丽莎教授获得了"最权威额外维度物理学家"的称号！

通过丽莎教授的故事，我们不难发现哈佛的成功之道：要想获得成就，就必须突破前人，敢于创新！在善于创新的人看来，人云亦云是件可耻的事情，那只能说明这个人的脑袋里"没货"。所以他们宁愿顶着世俗的压力，冒着被耻笑的危险，也绝不盲目地跟从，哪怕是权威！

然而要做到这一点却并不容易，它不仅需要足够的勇气，还得具备一定的创造力，否则所谓的"不盲从"就是个笑话！只不过创造力可不是浮夸的东西，它要做的是某件具体的事，而且还必须达到推陈出新、革故鼎新的目的，不然它就是一张"空头支票"，兑现不了！

那怎样才能提升创新的能力呢？

跟习惯性的思考模式"断交"

每个人都有自己的思考习惯，如一遇到难题就去问别人；碰到陌生的知识点就找"度娘"等。这些做法的确省时又省力，但它们却在无形中剥夺了独立思考的权利，从而降低了自身的创造力！要想改变这一点，最好的办法便是切断这些依赖的源头，跟惯性思考模式"断交"，凡事自己多动动脑子！

"替换"压根就不是创新

很多人之所以缺乏创造力，往往是因为误将"替换"当成了创新。要知道，就算你换了一种思维方式，时间一长，它也会成为新的习惯性思维，这根本就是"换汤不换药"，其结果必然会是"治标不治本"。我们一定要培养思维的灵活性，切不可一种思维模式用到底，得学会随机应变、举一反三、触类旁通。

做个脑袋自由的"旁观者"

俗语有云："当局者迷，旁观者清。"要想让自己富有创造性，就必须换个身份去看待问题，把脑袋从"当局者"移到"旁观者"的位置上。很多事只要换个角度去看，便能发现一个全新的世界。

"圈子"越固定，脑子越容易"生锈"

也不知从何时开始，人们喜欢把自己给"圈起来"，这的确能让人更好地融入圈子，可对于创造力而言，这非但不是好事，还是个很不明智的选择！为什么？因为你的"圈子"越固定，脑子就越容易"生锈"！试问，一个每天都接触新事物的人，和一个几年才看见一件新玩意的人，谁的创造力更强呢？答案明显是后者！所以，千万别把自己定在一个"圈子"里！

❤学习日志

　　很多人觉得创造力要往大了整，但哈佛人却认为，细节更能突显创新能力。在某些错误观念里，创造只有始于宏伟的目标，才能得到备受瞩目的结果，不被关注的细节，反而成了制约创造力的"魔鬼"。细节才是创造之源，所谓"泰山不拒抔土，故能成其高；江海不辞细流，故能成其深"，很多时候，看似不起眼的细节，往往就是创造的灵感，它能让事物有一次超常规的突破！

第八章

哈佛"挑战术"：
试一下怕什么，大不了重来

每一次都尽力超越上次的表现，很快你就会超越之前的自己！

每一个哈佛人都乐于迎接挑战

没有挑战的人生，哪来的精彩可言！

在欧美国家，有个著名的拉丁文学奖荣誉，它不仅是大学拿来当学位评分的标准，也是对优秀学士、硕士和博士的特别奖励。这种荣誉，自然每个学子都想获得，哈佛人也不例外。为了获得此殊荣，哈佛学子们不仅挑战自己，更不断在挑战新的纪录！

经过哈佛人不懈的挑战，这项荣誉的记录终于出现了回升趋势，而且势头还越变越好！哈佛人就是喜欢挑战，因为他们从入学的第一天开始，便已经看清了自己的处境：和世界最顶尖的人一起，学习最高端的科学，做最一流的事情。他们深知，在高手如云的哈佛校园，绝不能偏安一隅、满足现有的成绩，唯有不断地向未知的领域挑战，才能让自己更有实力，也更具竞争力！

哈佛女孩刘亦婷就向世人展示了哈佛人乐于迎接挑战的决心！

1994 年，对于刘亦婷而言意义非凡，因为这一年，她改变了自己的命运！

这年春天，"华盛顿——北京学者交流团"的创始人拉瑞·席幕思开始筛选第一批学生。经过艰难的取舍，他看中了外语优秀、各方面素质俱佳的刘亦婷。就这样，刘亦婷获得了赴美学习一个月的机会。在这一个月里，刘亦婷不但迅速提升了自己的英语水平，还大开了眼界，接触了很多新鲜的事物和观念！

这次的美国之行，在刘亦婷的心中埋下了一颗种子，那就是——出国留学。她把这个想法告诉了父母，但父母的想法则成熟很多，他们综合考虑了各方面的因素后，给女儿的建议是先在国内读完研究生再出国比较好，而刘亦婷也遵从了父母的意见。既然出国的事暂时被搁置了，那么刘亦婷要做的就是赶紧把之前耽误的功课给撵上来，于是她又重新回到了试卷的"海洋"。

正当刘亦婷为高考紧张备战时，拉瑞·席幕思给刘亦婷带来了一个好消息：美国哥伦比亚和韦尔斯利大学为中国留学生设立了全额的奖学金，若刘亦婷能申请到这个奖学金，那么她的出国梦马上就可以实现！但随之而来的问题是，出国留学得先考托福，且不说高三的学业压力有多大，即便她能分出时间和精力去准备托福考试，也未必一定能拿到那笔奖学金，这显然是一次高风险的挑战！

尽管如此，刘亦婷还是接受了挑战，只要有一丝机会能圆梦，她都想放手去博一搏。接下来的日子，刘亦婷过得异常辛苦，她每天除了应付学校里的书山题海外，托福的考试教材亦是从不离手。白天在学校进行着高强度的学习，晚上回到家也不敢掉以轻心，睡觉时间被她压缩、压缩、再压缩，熬夜成了常态。

为了迎接挑战，刘亦婷可谓是使出了"洪荒之力"，幸而她的努力没白费，在托福考试中，她以670分的成绩一鸣惊人，并获得了美国哥伦比亚和韦尔斯利大学等诸多名校的青睐，其中，就有号称美国"顶尖学府"的哈佛大学！

也许在这个世界上比刘亦婷优秀的学生有很多，可是为什么刘亦婷获得了拉瑞的青睐，成了哈佛的学子呢？相信除了刘亦婷优异的学习成绩和全面的个人素质外，还有她乐于挑战的精神！在哈佛，挑战并不单纯是胆识的问题，更是对自身能力的一种考验，只有过了这一关，他们才能成为真正的哈佛人！

每个人的内心都藏着一座能量宝藏，沉睡的它等待着我们去发现、去认识、去开发。一旦我们引爆这种能量，便能获得无穷无尽的力量，让我们去征服人生，与命运抗衡。只不过，人总有一种惰性，这种惰性会让你被命运牵着鼻子走，让你学会顺从、学会屈服，而唯有乐于迎接挑战，才能激活你的热情。

对处于求学阶段的学生而言，成绩可以通过努力去获得，能力可以通过训练去培养，但乐于挑战的精神却不是谁都有的，正因为如此，哈佛才特别青睐有挑战精神的人。在哈佛的教学理念中，挑战是人生不可或缺的一个重要环节，若没了挑战，生命就像喝白开水一般索然无味，每天周而复始，哪里还有精彩可言！所以，亲爱的同学们，从今天开始，像哈佛人一样笑着去迎接每一次挑战吧！

♥ 学习日志

每个学生都非常在意成绩的高低、排名的好坏，如这次考试能考第几名，随堂测验的分数终于有了走高的趋势等。也许你对自己的学业很有信心，可走出校门，在全市同年级中，你又能排第几名？没错，站在"圈内"的你所向披靡，但跳出"圈外"呢？

若你一直躲在"圈内"自欺欺人，不肯向前多迈一步，不敢迎接新的挑战，那跟坐井观天的青蛙有什么区别？对此，哈佛人要告诉你的是，要想学到更多的知识，拥有更丰富的收获，请放大自己的"圈子"，以比自己更优秀的人为目标，保持对学习的兴奋度，才能让自己开足马力去奋斗、去学习！

只要敢挑战，就能有进步

每一次挑战的过程，都是你迈向人生更高层次的过程！

哈佛在学术上的影响力，跟哈佛学子勇于挑战未知的精神也密不可分。在哈佛，每当有新的课题，学子们的第一想法便是：简直太棒了，我又踏上了一个全新的征程！对他们来讲，过程可比结果重要得多，因为他们深信：有挑战便一定能有所收获！

所谓"挑战"，即是去做超出自己能力范围之外的事，为了挑战成功，我们通常要花费非常多的时间、精力去筹措、准备。也许有的人会觉得，为了一个不知答案的结果投入过大，是对自己的一种"内耗"，有这精力和时间，去做些自己有把握的事岂不是更好？对于这类"谨慎派"，哈佛人可是持坚决反对的态度的！

"宋佳嘉是个很不'安分'的女孩！"这是宋佳嘉的父母和所有朋友对她的一致评价。那么她究竟怎么个不"安分"法呢？这可以追溯到她的幼儿时期。3岁学钢琴，4岁就登上了幼儿园的小舞台，在全校师生和所有家长面前主持六一联欢会而毫不怯场。不仅如此，宋佳嘉还兴趣广泛，她最喜欢的就是读书，7岁就已开始读原版的《西游记》了，书中的奇幻世界，点燃了她思想的火花。

逐渐长大的宋佳嘉，成了一个不折不扣的"尖子生"，她凭着优异的成绩，无论是小升初，还是初升高，都是被保送进去的！高中毕业时，宋佳嘉还获得了全国数学奥林匹克竞赛的一等奖，而她也因此被保送大学。就在大家都以为她会沿着这条保送之路走到黑时，她却做了个出人意料的决定——参加高考。

在许多人眼里，高考是一场噩梦，可宋佳嘉却并不这么想，她觉得这是对自己过去学习的一种检验，是对一个人精神、意志力、自控力的一次挑战，而她很乐意接受这个挑战！起初，父母很不理解女儿的选择，可一次深入的沟通后，父母决定支持女儿的决定，而让父母改变决定的，只是宋佳嘉的一句话："人生处处皆挑战，如果不经历一下，你怎么知道自己站在了哪个高度上呢？"

结果当然是宋佳嘉赢了挑战，她以677的高分被北京大学数学系录取。自由开放的大学环境，给了宋佳嘉更加"不安分"的舞台，为了挑战自己的极限，她参加了不少社团活动，还赢得了李政道军政研究基金奖励、北京大学董氏东方奖学金等。得了奖固然高兴，没得奖也打击不了宋佳嘉再次参与的热情。

有人佩服宋佳嘉的勇气，但更多人对她的行为表示不理解，他们觉得，若有十足的把握去参与竞争，自然是无可厚非，可那些她并不占优势的竞赛，为什么也要插上一脚呢？答案很简单，因为在她看来，每一次的挑战，不论成功与否，都能够让她获益良多！正是凭借这种不安分的劲头，她敲开了哈佛的大门！

哈佛面试过后，面试官对宋佳嘉可谓是记忆深刻："这女孩一看就很不错，她比同龄人拥有更多、更丰富的经历，因此她的想法和观点也比同龄人成熟很多！"如此一看，宋佳嘉以往的那些挑战并没有白费，这些不仅没耽误她的学习生活，反而还成了她身上的闪光点，更成了她进入哈佛的关键点！

可以说宋佳嘉的成功就来源于"不安分"，她若安分守己地过活，没准还成功不了！哈佛这座百年名校至今还能保持活力，靠的就是学子们的"不安分"和敢挑战。

哈佛流传着这样一句话：要用第二名的心态去争取第一名！在我们每个人的身体里，都蕴藏着巨大的能量，只不过它就像一头正在沉睡的雄狮，等待着被自己的主人唤醒。倘若你缺乏挑战的勇气，连靠近都不敢，又怎么唤醒这头狮子，获得它强大的能量呢？唯有不断地去迎接挑战，经过一次又一次的升级，才能激发这头雄狮的兽性，进而充分发挥它身上的能量！

当我们迎接挑战时，为了赢得成功，往往会付出大量的努力，提前做好大量的工作。这都是人生重要的财富，即使最后没挑战成功，也能在挑战的过程中积累经验。在学习的道路上，只有积累了足够的"量变"，才能收获到"质变"的硕果，届时，成功会主动向我们"招手"！

❤学习日志

有些同学喜欢背诵和学习自己比较熟悉的内容，比如，背诵熟悉的课文、概念，或者是经常用熟悉的公式、定理等，而对于不熟悉的内容，若读了几遍依旧生涩，往往就会被"打入冷宫"，这样一来便会导致熟悉的知识更熟悉了，生涩的却变得更加生涩，这非常不利于我们的学习！

倘若我们只学那些自己擅长的、感兴趣的知识，那成绩永远都别想提上来，唯有向自己不擅长的发起挑战，才能学到更多、更全面的知识！可以学学哈佛的"蚕食法"：如果不能一口气吃掉，就一点一点地慢慢吃，直到全部吃完为止！面对难题也一样，我们可以把它进行分解，然后一个一个去攻克！

可怕的不是挑战，而是自己的心

恐惧是魔鬼最大的武器、人类最大的敌人！

哈佛心理学教授发现了一个有趣的现象：每个人在做某件事前，常会给自己一个心理暗示，如将一块宽 30 厘米、长 100 厘米的木板放在地上，大家都能轻松地踩着走过去，可一旦这块木板被放在空中，人们就望而却步了。为什么呢？因为他们在心里偷偷告诉自己：别动，不然你会掉下去！其实只要心态够好，照样能轻松地走过去。对待挑战也是一样，往往可怕的并不是挑战，而是自己的内心！

在这方面，我们应当向内心强大的人学习，他们很乐于向一切未知发出挑战。也许你会觉得这没什么大不了的，毕竟初生牛犊不怕虎嘛，敢拼敢闯才是年轻人的特质。然而，年轻并非是所有青少年的资本，有些涉世未深的同学在挑战面前，常常会因为内心的恐惧而惶惶不安，甚至试都没试便选择了放弃，白白浪费了一次机会。可见，要想不畏挑战，就先得战胜自己的心魔！

有一位陪读的母亲就是证明，消灭了心魔的她，成功敲开了哈佛的门！

　　跟母亲一起上大学是什么感觉呢？也许这个问题很多人想都不敢想，但有人却做到了，而且上的还是世界顶尖的哈佛大学！究竟谁的母亲这么"牛"？

　　她就是哈佛女孩杨丽，她的母亲叫作林美娟！林美娟像世界上所有的母亲一样"望女成凤"，为了给女儿一个好的学习环境，林美娟在女儿中考结束后，便将她送去了国外。初到美国，语言是第一大关，上课听不懂对杨丽来说是常有的事，没有太好的解决办法，只能下课好好复习了！可这样的学习方式不仅没多大效果，还耽误时间，导致她除了数学还行外，其他几门课程的成绩都差强人意。

　　女儿的学习困境让远在中国的林美娟揪心不已，于是她毅然辞掉了工作，只身前往美国，当一个全职的陪读妈妈。林美娟的首要任务就是帮女儿打通语言关。为此，已经43岁的她报了个英语学习班。白天，她和那些跟自己女儿年龄差不多的同学们一起学习，苦练口语；晚上回来再和女儿交流经验、讨论问题、互相提点。一个学期后，杨丽终于能听懂老师的课了，学习成绩也有了提高。

　　如果说林美娟刚开始送女儿出国只有一个大致的方向，那么经过这一个学期的学习，她对女儿的学业规划便有了更清晰的目标，那就是——进入哈佛大学深造。为了实现这一目标，她做了大量的准备工作，她还发现自己竟也符合美国高考的报考条件，于是便产生了一个大胆的想法：和女儿一起去高考！

显然，林美娟之所以有这种想法，完全是为了自己的女儿，她既想跟孩子做伴，又想先帮孩子"试试水"。但哈佛可不是普通的大学，别说她一个已经快50岁的中年妇女，就算是正值青春的少女，也未必能考得进这座世界名校，甚至连跟女儿同龄的孩子们坐在同一个考场，都需要极大的勇气。面对这个人生中最大的挑战，林美娟的内心虽有过挣扎，但最终还是战胜了心魔，决定要放手一搏！

顺利通过美国高考SAT后，林美娟便寄出了申请进哈佛的相关材料，两个月的时间，哈佛那边就传来了好消息：她被教育系录取了！这无疑给女儿杨丽打了一剂强心剂，当她拿到妈妈的录取通知书时，就暗暗下决心，也要考上哈佛。

最终，杨丽也凭借高分被哈佛大学法学院录取，至此，母女终成同学！

与其说林美娟靠的是运气，不如说她是凭借敢于挑战的勇气！起初，她不过是想做个陪读，给女儿树立一个好榜样，谁曾想，最后不但女儿被哈佛录取，自己甚至先于女儿也被哈佛录取。林美娟这一路走来，所做的每一个决定看似简单，其实对她这样一个人生已定型的中年人来说，都是一次极大的挑战，是什么让她一次次地去迎接挑战呢？是她那颗战胜了自己的心！

人与人之间的差别并非只有物质，还有对待事物的心态！对于未知的挑战，每个人的内心都难免会有些恐惧，只不过，有些人能战胜自己的心魔，从而获得了成功的机遇，但有些人却被恐惧吓破了胆，不肯再向前迈一步。对此，哈佛人就理性很多，他们从不屑于跟自己的心魔"纠缠"，敢于向未知的一切发起挑战，因为教授经常告诫他们：恐惧是恶魔最大的武器、人类最大的敌人！

在人生的道路上，如果一个人的心退缩了，那谁也无法拯救这个人的命运！一味地消极等待、踌躇不前，根本不可能让事情走向好的结局，反而还会错失改变命运的良机，唯有战胜内心，勇敢接受未知的挑战，才能为自己的成功增加砝码。所以，亲爱的同学们，去迎接挑战吧，试一下怕什么，大不了重来！

🎵 学习日志

在野外拓展训练中，有个高空断桥的项目：离地 8 米的高空上，一座独木桥断开 1.2 米，你能横跨断桥，走到另一头吗？也许不少人都会心虚地摇摇头，觉得自己一定完成不了。可事实上，当把这个桥放在地面上时，大部分人都能跨过去，那为什么到了 8 米的高空，就完成不了了呢？这就是心理暗示的作用！

在高空，你的内心会产生恐惧感，于是心理便有了这样的暗示：这么高，有危险，我肯定完不成！在这种心理暗示下，自然会选择退缩。所以，要想勇敢地迎接挑战，首先得给自己一个正确的、积极的暗示，对此，哈佛人会告诉你："不要因为恐惧而犹豫，前进就能消除恐惧"，"信心可以消除一切恐惧"……

不要再考虑了，直接去尝试

患得患失、瞻前顾后，都是因为你活得还不够精彩！

在哈佛，几乎人人都是敢于挑战的"行动派"，因为他们不想浪费宝贵的时间和精力去害怕，更不愿跟自己的胆怯"纠缠不清"，白白错过成功的机遇！哈佛教授常这样评价那些没胆量的学子："患得患失、瞻前顾后，都是因为你活得还不够精彩！"要想活得精彩、获得成功，那想到什么就立即去做，不要一想再想、诸多考虑。船到桥头自然直，成功永远都不会青睐没胆识的人！

1973 年，柯莱特考进了梦寐以求的哈佛大学，作为一名刚入学的新人，他对这座百年名校里的一切，都充满了无限的热爱和好奇。柯莱特在这里努力地生活、学习和交友，希望能尽快融入这个新环境，而他在哈佛交到的第一个朋友，是一位 18 岁的美国青年，上课时，这个青年经常坐在他身边，他们彼此渐渐熟悉。

随着深入地交往，柯莱特和青年成了挚友。大二那年，青年邀请柯莱特跟自己一起退学去开发Bit财务软件。这让柯莱特大吃一惊，他虽知道青年是个不按常理出牌的人，也知道对方一直都醉心于程序开发，可是为了程序开发这样的"副业"，而放弃学习这份"正职"，这在柯莱特看来，简直太不可思议了。

柯莱特知道，青年邀请他去参与研发的程序系统才刚起步，甚至可以说连最基本的雏形都没有，这系统以后有没有市场？未来境遇如何？自己的前途又将在哪里？这些都让柯莱特担心不已。更何况对柯莱特来说，进入哈佛是他的梦想，好不容易才能进来，就这样为了一个看不见的未来而退学，那也太不划算了！

柯莱特前思后想了好几天，不但慎重分析了当前的形势，还预估了今后的发展，最终决定拒绝青年的邀请。他觉得，只有自己在哈佛读完了全部课程之后再去开发Bit财务软件，才有能力去帮别人，时机才会更成熟，成功的概率也更高。于是他们两人的人生轨迹，就此走向了两个完全不同的境遇。

分别之后的十年，柯莱特和他自己预想的一样，顺利完成了大学的课程后，便一直从事Bit的开发工作，成了哈佛大学Bit领域的高手。而当时邀请他的那个青年呢？他则通过程序开发，把自己送上了美国亿万富翁的排行榜。如此大的差别，让柯莱特在再次收到那个青年的邀请之后，又一次尝到了惊讶的滋味。

但是此时的柯莱特并不灰心，他觉得自己终将超越对方，却不知自己已经输在了时机上。若干年后，当柯莱特认为自己的技术已纯熟到可以开发 Bit 财务软件时，那位年纪轻轻的亿万富翁早已放弃了 Bit 系统，他开发出了比 Bit 快 1500 倍的 Eip 财务软件，而这个软件问世仅仅两周，就迅速占领了全球！

这个青年是谁呢？他就是家喻户晓的前世界首富——比尔·盖茨。现如今，盖茨身上的光环熠熠生辉；而柯莱特只是众多的程序开发者之一，平平无奇。两人一比，柯莱特可以说是完败。试想，若柯莱特当年选择跟盖茨一起退学去开发软件，那么他现在即使不是顶级富豪，最起码也能混进富豪的"圈子"！

只可惜这个世界没有如果，机会往往只有一次，错过便无法挽回！世事难料，很多事都存在不确定性。当面对这些不确定性时，有些人选择了"尽人事、听天命"，在"天命"来临之前，挑战它、战胜它、攻克它，将"人事"做到极致。但是也有些人会被种种不确定吓倒，从而产生自我怀疑，以致思虑过多，于是他们在迎接挑战时瞻前顾后，缺乏勇气和信心。

当然，还有第三种人，他们过于追求完美，过于要求稳中取胜，他们挑战前会做足准备，甚至非要等到时机完全成熟才肯去做。没错，面对未知的挑战，周密的计划、慎重的考虑有必要，但百密总有一疏，若过于放大那"一疏"，直接变得畏首畏尾，从而拒绝挑战，那就注定与成功无缘。

当机遇展现在眼前，我们并没有太多时间去思前想后，如果凡事都能按照预想的那样发展，那这世界就不会有失败一说。计划永远都没有变化快，若总因所谓的条件不成熟而不敢挑战，柯莱特便是前车之鉴：错失了先机，失去的就不仅仅是成功，而是整个人生！所以，有挑战就直接去尝试，千万不要瞻前顾后、左思右想，眼睁睁地看着好机会溜走！

💕 学习日志

　　人们常用"言语上的巨人，行动上的矮子"来形容那些嘴巴上说得厉害，一到实际行动就偃旗息鼓的人。我们身边除了言语上的巨人，也有很多思想上的巨人，每每遭遇困难，他们都在脑海中将方法预演千万遍，生怕会有一点点偏差，发生一点点的疏漏，把大量的时间和精力都浪费在了思考上。

　　其实很多事越往深处想，就会担忧越多，与其这样，还不如不想，直接就去行动，然后再根据事态的发展，具体问题具体分析，这样才能调动自己的积极性，去面对人生的每一次挑战。当你用积极的心态去生活、去学习，并始终保持一颗平常心，你就会发现，成功也许不需要深思熟虑，都是当下一瞬的决定！

寻找勇气

抱怨自己没有机会的人，多半没勇气冒险！

勇敢不是靠嘴说出来的，而是实实在在做出来的，勇敢的人不会把勇气挂在嘴边。在哈佛人看来，挑战只是一种能证明实力的游戏罢了，他们早已对破解难题、向教授提问、攻克不感兴趣的学科等轻车熟路，他们要挑战的是质疑权威、突破人类极限、搞定自己给自己出的难题……

一天，某大学一改往日的宁静，变得十分喧闹：林荫路上，学生们都三五成群地朝着大礼堂跑去，而大礼堂外早已经是人山人海，在醒目的大红色条幅下，只能看见一张张兴奋又紧张的年轻脸庞，时而私语，时而眺望。究竟是什么让学子们如此躁动？原来，有位著名的哈佛教授要来演讲！

不一会儿的工夫，有个戴着眼镜的中年人，在众人的簇拥下走进了大礼堂，没错，他就是那位哈佛的教授！大家纷纷入座后，教授环顾了一下四周，竟发现了一个有趣的现象：慕名而来的学子们将大礼堂挤了个水泄不通，不少同学抢不到位置，只能站在走廊上，但与此形成鲜明对比的是，第一排的位置上空荡荡的，没有一个人。教授对此很惊讶：为什么大家宁愿站着，也不去坐第一排？

于是教授在演讲之前，问道："第一排怎么没人，难道站着比坐着舒服？"

一瞬间，整个大礼堂鸦雀无声，就连刚才还说着悄悄话的人都不吭声了！

教授看了看大家，笑着问："你们不敢坐第一排，是怕我提问题吧？"

"是！"一个声音怯生生地回答道。

教授一听这话，不由得大笑着说："提问有什么好怕的？别说我问的简单，就算问的难，你们能回答就回答，不能回答就不回答，我又不会吃了你们！"

听完教授的这番话，学生们也不由自主地笑了起来。

看着眼前这一张张的笑脸，教授觉得有必要在开讲前先给他们一点勇气，便说道："知道吗？在我们哈佛，大家经常会为了坐第一排而争得面红耳赤。为什么？因为第一排是勇敢者的位置，只有坐在这里，他们才能引起老师的注意，才能抢到回答问题的机会，才能给自己的学习成绩加分！可缺乏勇气的你们，却白白浪费了这个能跟我互动的机遇，也失去了能让我对你刮目相看的大好时机！"

教授前脚刚说完，后脚就有几个胆大地坐到了第一排，紧接着，大家都纷纷向前涌，争着抢着要坐第一排的位置！看见这一幕，教授十分欣慰地笑了笑！

不敢坐第一排的现象屡见不鲜，尤其是在课堂上，很多人总喜欢躲着、藏着、掖着，几乎没人愿意坐在最显眼的位置，甚至恨不得在老师面前"隐个身"，就怕一个不小心被点名提问！

在当今这个竞争日益激烈的社会，过分的"谦虚"和"忍让"，其实就是懦弱的表现，唯有义无反顾地勇往直前，才能获得更多成功的机遇。现在再也不是"酒香不怕巷子深"的年代了，我们得与时俱进，学会勇敢地接受挑战，充分地展现自我，若不向世人展示一番，岂不白白浪费了自己一身的才能！那么，应该如何找回自己失去的勇气呢？

给自己贴上勇敢的"标签"

面对困难和挑战，害怕是人之常情，没有人生下来就勇气十足，毕竟我们都是凡夫俗子，不可能抛弃自己的感受。但是，如果你想让自己变得勇敢，首先要做的就是给自己贴个"标签"，时刻提醒自己是个"勇士"。这样，即便我们依然心存恐惧，也能勇敢地去接受挑战，否则很可能会被恐惧吞噬，变成一个懦夫！

丢掉"脑袋"，跟着身体走

每一次的挑战，对于任何人来说都很难采取行动，即使能够战胜内心的恐惧，也会因为这样或那样的问题而犹豫不决。这时可千万不要放任自己胡思乱想，而应当丢掉那个碍事的"脑袋"，直接让自己的身体去行动，因为"卡壳"的时间越长，挑战成功的概率就会越小，甚至在恐吓之下，还会害怕得选择放弃。需要注意的是，行动绝对不能盲目，必须有一定的针对性！

让勇敢成为一种习惯

习惯是个好东西，它能帮我们省去很多不必要的麻烦，倘若我们能把勇敢培养成一种习惯，也就用不着害怕什么挑战了！只不过要养成这个习惯并不容易。对此，你可以在感到恐惧时，立刻告诉自己"必须去做"，并列举出能说服自己的理由；你也可以记下自己每一个勇敢的时刻，无论是大胆地向老师提问，还是克服了对某人、某件事、某种动物的恐惧，都能为培养勇敢的习惯添分！

❦学习日志

当编排座位时，你是否总希望能把自己排在离讲台远一点的位置，以免上课被老师点名提问；当亲朋好友聚在一起时，你是否经常会找个角落的位置坐，以免长辈们问东问西的；当参加课外团体活动时，你是否希望自己能淹没在茫茫人海中，心里默默地祈祷千万别让你上……

倘若你对这些问题的答案全是肯定的，那么你可能已经是一位缺乏勇气的"重病患者"了！

不过这并不可怕，希望你能记住这些话："勇气只是多跨一步超越恐怖"；"要想勇往直前，就不能有太多杂念"；"勇敢承认自己的不足，才能学习并进步"；"抱怨自己没有机会的人，多半没勇气冒险"……

第九章

哈佛"合作力"：

学习不是一个人的事

乐意合作产生支持的力量，强迫服从导致失败的结果！

哈佛景观：没有人落单

现代社会是一个充满竞争的社会，同时也是一个更加需要合作的社会！

在哈佛的林荫小路上，经常能看见两三个学生一起结伴同行，他们时而谈笑风生，时而严肃讨论；而在供大家学习的教室里，学子们更是三个一组、五个一群的研究课题；即便是在安静的图书馆，也很难找到独自看书的人，他们大多都是几个人坐在一块，并时不时地悄悄讨论几句……这就是哈佛大学的景观：无论做什么事，他们都喜欢大家一起合作，几乎没有人会落单！

在竞争日益激烈的现代社会，人们的合作意识也愈来愈强，但对于涉世未深的学生来说，却并没有真正意识到合作的重要性，很多同学早已习惯一个人写作业、一个人解难题、一个人玩游戏等等。殊不知，很多事情要大家一起做才能干得更好、收获更多、成就更高，还可以更"过瘾"！

正因为如此，哈佛人个个都不允许自己落单，哪怕是从没与人合作过的人！

自从得知自己考上哈佛大学的消息，家强就高兴得好几个晚上都睡不着，直到登上飞往美国的航班那一刻，他还在怀疑自己究竟是不是做梦。坐在飞机上的家强，开始遐想起自己的哈佛生活来，那是一幅美好得不能再美好的画面！

谁曾想，家强硬生生地被现实叫醒了！在国内时，性格内向和不善交际的孤僻个性，常常能让他更加专注于自己的学业，可在讲求合作的哈佛大学，这些非但帮不上一点忙，还成了他的一种缺陷。面对突如其来的转变，家强着实有点措手不及，不知道自己该如何做出反应，更不知道下一步究竟要怎么做！

于是家强成了矛盾的综合体：上课非常积极，课后却迟迟不参加集体研究的课程；阐述自己的观点时口若悬河、滔滔不绝，可只要有人邀请他参加辩论，他就诸多借口、百般推辞……为此，他得罪了不少人，大家都开始有意识地疏远他，甚至是排挤他。而他则是百口莫辩，因为他并非不想参与活动、不愿融入集体，可以说，他比任何人都渴望跟大家在一起，却始终无法付诸行动！

为了改变这种尴尬的局面，家强在大二时选择了人文专业。在老师和同学们的帮助下，他终于勇敢地踏出了第一步：参加课题小组的学术研究！自从打开了这个缺口后，家强的合作意识渐渐越变越强，交际能力也随之有了质的飞跃。四年下来，他由当初那个怯生生的小男孩，蜕变成了一位阳光开朗的帅小伙！

　　毕业后，家强留在了美国一家手机软件公司，善于交际的他，很快就找到了一个"好兄弟"。随着彼此的日益熟悉，两人发现彼此还真是缘分不浅：不但同时进入公司，还在公司做着相同的事！在一次闲聊中，家强无意中得知好兄弟的年薪竟然比自己低！要知道，这哥们可是实打实的"科班出身"，在大学专门研究手机软件的相关课题，而他的专业非但不对口，简直可以说是八竿子打不着。

　　后来，家强弱弱地询问了老板这个不科学的现象，老板解释道："你看见的只不过是表面。在我看来，学人文专业的人，对社会的理解会更深刻一些，知道如何协调同事之间的人事关系及公司之外的社会关系，更重要的是，他们非常懂得团结合作，这就是公司的财富！所以，你的薪水会比那些纯搞专业的人高！"

家强的诧异并非没有道理，因为在国内，学纯粹技术的人往往比学人文专业的好找工作，但在美国，情况却恰好相反，他们更看重的是团结合作！正因为如此，哈佛才致力于培养学子的团队精神和合作能力，哪怕是一名跟人文毫不相干的工程师，只要他在哈佛求学，就必须具备一定的团队合作力！

　　在哈佛，教授经常告诉自己的学生们：现代社会是一个充满竞争的社会，但同时，也是一个更加需要合作的社会。作为一名哈佛大学生，只有学会与别人合作，才能取得最大的成功！而事实也正如哈佛教授所言，放眼当今社会，哪个成功者不是靠与别人相互配合，才有了辉煌的成就；哪家企业不是靠员工们的通力合作，才站在了行业的最前沿……可以说，没有合作做基础，谁都难以成功！

今时今日，善于合作已不仅仅是一种能力，更是时代对我们的硬性要求，若没有它，人类至少要倒退几十年。荧幕上那些单打独斗的"超级英雄"，不过是世人为了填补内心的空白，而杜撰出来的"虚构人物"罢了，因为现实生活中压根就没有这种人！所以，亲爱的同学们，一定要学会合作，千万别落单！

❤学习日志

若有人问：你是愿意跟普通人合作，还是愿意与比你更优秀的人合作呢？绝大多数人都会选择后者，但在现实生活中，很多人都不会做出这样的选择！为什么？因为他们那要命的嫉妒心，总会时不时地出来捣个乱！

跟比自己优秀的人合作，不仅能让他们帮忙指引人生的方向，还能为自己的成功之路增添力量！哈佛教授就常提醒学子们：成功者永远与成功者为伍，这样才能实现"强者恒强"！所以，放下嫉妒的心，多和比自己优秀的人交往、合作吧，即使你跑不过他们，被甩在了身后，也要用心观察、认真查看，寻找他们的光芒所在！

搞不定就找人帮忙，不丢人

除非你自己愿意被别人伤害，否则没有人能够伤害你！

学习时，一不小心被一道难题卡住了，无论怎么努力都解不开，你会怎么办？是把它丢到一边置之不理，还是赶紧去向老师或同学请教？如果是哈佛人面对这样的问题，那肯定会毫不犹豫地找人帮忙！是的，哈佛人个个都是"厚脸皮"，在他们的眼中，面子什么的压根就不值钱，只要能解决问题，他们会找一百个人帮忙！

不仅如此，哈佛也从不浪费资源，经常会请些成功人士回母校演讲，它建校 300 多年来，已有数不清的伟人在此进行过演讲。除了有总统、商界领袖、诺贝尔奖获得者等，从科学到文学，从全球首富到身体残障的成功者，那是应有尽有，他们的传奇故事和成功经验，帮助过哈佛的每一个学子。

曾为世界首富的比尔·盖茨，也曾在搞不定问题时找人帮忙！

1974年的一天，正在哈佛读大二的盖茨，结识了自己一生的挚友——史蒂夫·鲍尔默！两人虽相识于偶然，却聊得十分投机，简直有种相见恨晚的感觉，因为他们发现彼此都喜欢数学、科学，并崇拜那个被世人唾弃的拿破仑，甚至连对电影的品位也一样。尽管如此，但跟其他人不同的是，他们并没有因此而变得形影不离，整天腻歪在一起，相反，他们很少有交集，可每次交谈都能心领神会。

为什么两人的相处方式会如此奇怪呢？因为他们的性格差异太大，经常有不同的观点和看法，所以为了避免引发不必要的摩擦，他们选择了这种交往方式。

极富个人魅力的鲍尔默社交能力超强，在哈佛简直就是个风云人物，他不仅是橄榄球队的经理，还是文学杂志和学生报纸《红色哈佛》的"顾问"，他甚至在以男生为主的"狐狸俱乐部"，都能混上个骨干的职务。盖茨却与他恰恰相反，性格内向的盖茨非常不善于交际，因此腼腆拘谨、沉静稳重的盖茨很少参加社团活动，只醉心于自己擅长的计算机编程，每天跟冰冷的机器为伍。

不久，盖茨便辍学，开创了自己的公司——微软。微软的发展十分缓慢，经过整整5年的打拼，它还依然处于孵化的阶段，并没有像当初设想的那般，迅速变成一飞冲天的金凤凰。面对残酷的现实，盖茨分析原因，很快他就发现问题出在管理上：尽管微软用的全是天才，可他们却只懂编程、开发软件等，没人知道如何管理员工、激发员工的斗志，使其更加努力地去工作！

面对这个棘手的难题，盖茨第一时间想到了昔日的好友——鲍尔默！他深知鲍尔默超强的亲和力、煽动力、凝聚力以及管理能力，正是自己和微软所缺乏和需要的。与此同时，他也想起在创办微软之初，自己就曾找过鲍尔默帮忙，却被其有理有据地婉拒了。可现在形势危急，若找不到优秀的管理人才，微软很可能会面临倒闭的危险，盖茨一想到这就怕了，于是厚着脸皮又去找鲍尔默帮忙。

盖茨说明来意后，鲍尔默便陷入了沉思，经过激烈的思想斗争，他终于答应了盖茨的请求。事实证明，盖茨的选择是对的，鲍尔默一进微软，就主动承担起了管理方面的工作，全力监督每一个项目的进度。不仅如此，他还成了微软的"排雷专员"，总能在公司遇到困难时挑起重担，第一时间站出来解决问题！

现在，盖茨和鲍尔默虽都已退出了微软的"舞台"，但他们的故事却依然被世人津津乐道，其中流传最广的，便是两人共事时的相互帮助！这世界并没有瞧不起那些找人帮忙的人，恰恰相反，人们都觉得搞不定就该找人来帮忙。试想，倘若盖茨当时没找鲍尔默帮忙会怎样？想必就算能保住微软，也很难达到现在的辉煌吧！所以，亲爱的同学们，千万不要怕丢人，搞不定就找人帮忙去！

在高速发展的现代社会，人与人之间的关系已经越来越密切，我们的衣、食、住、行，每一样都需要别人的协助。人类过的是一种群居生活，我们只要离开人群，就等于脱离了社会，很难再生存下去。当今社会是一个合作的世界，任何人都无法单枪匹马地闯出一番事业来。即便是强悍的哈佛人，也要从比自己更优秀的人身上学习技巧、吸收经验！在哈佛，几乎每个学子都有自己的榜样，这些人既有叱咤政坛的名人，又有一呼百应的商界领袖，更有在学校名声大噪的风云人物，他们不但相信榜样的力量，还会借助榜样成功的宝贵经验。对于那些近在咫尺的榜样，他们常常会寻找各种机会去"求关注""求帮忙"等等，以获得对方的帮助！

♥ 学习日志

生活中，很多人之所以搞不定都不肯找人帮，往往是因为怕暴露自己的缺点或不足，于是宁愿不解决问题，也要维护自己。比如被一道数学题难住了，怎么也算不出答案，这时，你很想去请教老师和同学们，但一想到老师可能会批评自己，同学没准会嘲笑自己，便打消了这个念头，以隐藏自己数学不好这一缺陷。

殊不知，缺点和不足非但不会在你的隐瞒之下消失，还会随着时间的推移变得越来越大，直到有一天你为此栽了个大跟头，再去想办法弥补或补救就晚了。哈佛教授经常说："善于发问使苏格拉底成为当时的智者！"这话什么意思呢？每一次提问就会暴露他的一个缺陷，当他没问题时，便近乎完美了！

要有自己的合伙人

合作不但能更好地完成任务，更能最大化实现个人价值！

想知道哈佛为什么有这么多的学霸吗？答案很简单，因为它的学习方法与众不同！在哈佛，学习靠的不是单打独斗，而是大家一起讨论或合作。哈佛人非常善于组织各种活动，如联谊会、学术会、竞技赛等，从而锻炼自己的能力，不管规模是大是小，他们都会相互配合、共同完成。此外，他们还积极参加各种社会活动，无论是去社区做志愿者，还是进企业或政府机构，他们也都一起合作！

回望历史不难发现，那些成功者的背后，往往不是站着一个人，就是蹲着一个团队，若没这些人的支持和帮助，别说成功了，可能人们连他是谁都不知道。正因为如此，哈佛人才会如此重视合作，在他们看来，合作不仅能更好地完成任务，还能实现价值的最大化，所以他们始终坚信：1加1并不等于2，而是永远大于2！很多哈佛人的成功都是合作开始的！

乔琬珊在上哈佛之前，曾在秘鲁实习过一段时间，那里的人穷得叮当响，要什么没什么，但凡是谁染上了重病，不死也得脱掉几层皮！这对于一直生活安逸的乔琬珊来说，简直不可思议，可惊讶之余，她的内心也十分难过，于是她决定自己创办社会企业，从而改善一些落后地区的生活环境！

自从有了这个想法，乔琬珊便一直在寻找合作伙伴。到哈佛后，她结识了来自香港的苏芷君，两人一拍即合，很快就去了中国的西南考察，寻找创办社会企业的项目。两人在云南不但看见了牦牛，还幸运地遇到了著名探险家——黄效文，通过黄效文的介绍，她们才知道这种牛浑身都是宝：它的粗毛可以做绳子和帐篷；细毛可以做衣服和毯子；牛奶能做酥油和奶茶；甚至连粪便都是种资源。

像牦牛这种宝贝，怎么能浪费呢？所以两人当场决定开个"牦牛"公司，就用它身上的那些"宝"，来帮助贫穷的牧民们脱困。两人一回到哈佛，便连夜写了份关于牦牛的创业计划书，该计划受到了各方好评，并赢得了哈佛大学商业计划奖及5万美元的奖金。两人毕业后，便用这笔资金创办了"shokay"公司！

就这样，两个哈佛女孩带着满腔的热情，踏上了艰难的西部创业之旅！

两人本以为向云南的牧民收购牦牛绒很简单，谁曾想，她们挨家挨户地上门，一天下来也只收到30公斤，这点牦牛绒根本就不够用。再加上她们所处的地区交通很不方便，无形中又增加了收购的难度，于是她们决定暂时离开云南去青海收购。青海倒是能收到不少牦牛绒，可问题是这里的藏民抓绒方式太过传统，牛绒里掺杂了很多的牛毛，也同样没法用。

对此，苏芷君建议开个培训班，免费给青海的藏民们传授抓绒技术。乔琬珊也觉得这主意不错，于是她们合力教藏民们学抓绒，果然收到了高品质的牦牛绒。收购到足够的牛绒后，两人便开始四处找厂家合作，让他们帮忙染色、纺纱、编织等。她们足足花了一年多的时间，才从40多家工厂里，找到了合适的合作者，纺出了理想的牦牛绒纱线和各种牦牛绒制品。

紧接着，两人又回到云南，去帮那里的牧民脱贫。之后她们越走越远，足迹遍布世界每一个角落，店铺也扩大到了100多家，帮助了不少牧民！

乔琬珊的成功就源自合作，若没有苏芷君的支持与配合，单凭她一个人的力量，且不说最后能不能获得成功，搞不好连创办社会企业的项目都找不着！不仅如此，乔琬珊的合作对象远不止苏芷君一人，还有那个帮她们加工生产的厂家，要是没它帮忙染色、纺纱、编织，她们恐怕就只能坐在家里大眼瞪小眼了！可以说，在乔琬珊和苏芷君的成功路上，合作起到了至关重要的作用！

反观现实生活，我们周围有很多学富五车、才华横溢的人，终其一生却碌碌无为、一事无成。他们将失败归结于时代，总结为是社会犯下的错，并整天感慨自己生不逢时、怀才不遇。可实际上，尴尬和困境都是他们自己造成的，而没有取得成功的原因也只有一条：他们不屑于合作，不懂得合作的价值！

　　无论是谁，不管有多么优秀，只要还活在这个世界上，就必须学会合作，学会跟周围的人配合，学会与"合伙人"保持良好的默契，唯有如此，才能借助别人的力量，来实现自己 1 加 1 大于 2 的价值！

❤️ 学习日志

　　　　合作虽有千般好，却并不容易实现，毕竟每个人的性格和习惯都不相同，就连生活在一起的夫妻都会吵架，更何况是两个完全不认识的陌生人。所以要想达到 1 加 1 大于 2 的效果，必须先掌握一些技巧。现实生活中，不少人都忽略了这一点，他们觉得有能力就得使劲用，这样才能让合作结出更多的硕果！

　　　　在合作中需要避免伤到其他人，如果你的能力妨碍到了别人的发挥，并让对方因为你的存在而感到不舒服，那么即使你们还能维系合作，也会不可避免地遭遇困境！成功的合作不仅要有统一的目标，尽力做好自己的分内事，还得有集体观念和自我牺牲的精神！

懒蚂蚁带给我们的启示

比知识更重要的东西，那就是领导才能！

生物学家研究发现，在蚂蚁群中，大部分蚂蚁都相当勤快，每天不停地寻找、搬运食物，少数蚂蚁却非常懒，整天不是无所事事，就是东张西望。为了研究这些"懒蚂蚁"，生物学家在它们身上做了记号，通过一段时间的观察，生物学家发现，当这群蚂蚁没食物时，"懒蚂蚁"便会成为领袖，带领大家去找自己早已侦查到的食物，并且它们还会指挥众蚂蚁安全地转移这些食物！

从这项蚂蚁的研究中，你看出了什么呢？是忙里也要偷个闲，还是苦干不如聪明地偷懒？对此，哈佛人只有一个答案，那就——培养自己的领导才能！实际上，在哈佛的商学院，早就已经开设了"领导学"的课程，它不仅传授理论，更帮学生了解自己的领导天赋，让他们认识并练习、开发自己的领导潜能。

微软的前 CEO 史蒂夫·鲍尔默，就极具领导才能。

　　在哈佛求学时，鲍尔默就充分展现了他的领导才能。在足球啦啦队这个"女生当道"的行列，他凭借自己极度的激情，夺得了队长这个职务，只要有他在的比赛，一定会非常精彩，因为所有人都会在他的引导下热血沸腾。他是如何做到这一点的呢？很简单，他在球场上，从不跟别人谈论像"今天天气如何"这样的话题，而是思考"如何才能让足球运动现场生机勃勃"，然后实施方法。

　　加入好友比尔·盖茨的微软后，鲍尔默更是将自己的领导才能发挥得淋漓尽致！无论他走进哪个部门，该部门的工作热情都会迅速膨胀，所有的员工都像打了鸡血似的，撸起袖子玩命地干活。他甚至能让一个讨厌电脑的人，心甘情愿地去编写程序代码，并从此爱上编程这项工作！他的管理秘诀是什么呢？那便是——尽可能地多鼓励员工，让他们乐于为公司卖命！

　　对于微软而言，最重要的就是有一支优秀的团队，鲍尔默对此可谓是煞费苦心。为了激发团队的斗志和干劲，他时不时便会来一场激情澎湃的演讲，他每一次的个人表演，都犹如沸腾的岩浆一般，瞬间点燃每个人的工作热情，使得微软的软件开发比同行更快，市场开拓也比别人更快一步。另外，他在会议上那些声情并茂、手舞足蹈的发言，亦给员工们打了一剂埋头苦干的强心针。

　　在微软任职期间，鲍尔默从没想过去控制员工，而是想尽办法激发他们的工作热情，以使他们更加团结、更投入地做事。

他最常用的一种手段就是"语言攻势"，无论是在公共场合发言，还是私底下的普通谈话，他都会习惯性地用一只攥紧的拳头去击打另一只，每每此时，他的眼睛便会放射出光芒。

对于微软的员工们来说，鲍尔默的管理手法虽像家常便饭，却总能让他们品尝到一种与众不同的味道，继而不由自主地努力奋斗。可以说，鲍尔默用自己的领导才能，不仅给微软带来了光明，还帮盖茨打通了要塞，使得微软从一家只有20多名员工的小公司，壮大到现在这个拥有6万多人的大"帝国"！

鲍尔默的领导能力确实非凡，但他的这种才能，却并不是与生俱来的，而是通过后天培养才获得的，哈佛就是那个孕育他的摇篮！在实行通才教育的哈佛，非常注重培养学生的综合素质，它要求每个学生都尽可能地到社会中去，锻炼自身的组织协调能力、沟通能力和领导能力，尤其是哈佛的商学院、政学院等，往往更重视对学生领导能力的培养。鲍尔默正来自商学院！

在个世界，只有两种类型的人：一种是领导者，另一种是跟随者。若你要的仅仅是一次小胜利，或许单枪匹马便可以夺得，可一旦你想获取更大的成就，那么，单凭一己之力势必无法完成。这时，唯有得到别人的支持和配合，才能借助团队的力量打拼，进而取得最后的胜利！

没有人生下来就是领导者，若不想成为默默无闻的跟随者，就必须时刻做好领导团队的准备，哪怕命运让你暂时成了"小跟班"，你也要做一个有准备的"跟班"，这样才能牢牢抓住每一次"升级"的机遇。

从古至今，没有一个将领能脱离士兵的协助，单枪匹马地杀退数万敌军，无论他的身手有多矫健、功夫有多高，面对如潮的大军，一人一口唾沫都能把他淹死；也没有一家公司的老总，能仅凭一己之力维系整个企业的运作，就算他有超高智商和非凡的经商天赋，若没人帮他去经营管理，公司照样倒闭。

所以，亲爱的同学们，千万别做孤立无援的光杆司令，要做就做个一呼百应的聪明领袖，这样才能获得更多资源、更多力量以及更多成功的机会！

❤ 学习日志

任何一种能力的培养，都得经过时间的沉淀，领导才能也是一样，往往需要我们付出不懈的努力，它比其他能力要求的更多、更广。哈佛在录取新生时，便十分注重有没有领导者的潜质，从而查看申请者是否参加过某些方面的活动，组织才能和团队精神如何等。

一直以"培育社会精英"为己任的哈佛，不但要求学子们具备过人的智慧，还极力培养他们的领导才能。为了做到这一点，它开设了很多五花八门的俱乐部，如数学、科学、文学社、合唱团、辩论社等等，任凭学生们挑选。

从哈佛学习团队合作力

一个人的能力有限，要想成功，就必须加入团队合作！

在哈佛，学生之间虽有竞争，但更多的却是合作。为了让学生们积极合作，哈佛的教授们可谓是煞费苦心，经常会布置些需要团队合作的作业，如讨论课、模拟法庭、个案研究等等，以培养学生们的团队合作力！教授们认为，在团队合作中，学生不但能相互学习、彼此吸收优点，而且还有助于提高自己的水平。

事实上，哈佛人也正是这样做的。在合作过程中，他们会根据自己的特长和爱好来选择角色和任务：思路清晰的人负责查资料；而人缘好的负责去咨询老师或学长；有学问的则负责润色语言、策划方案等。最后，大家还会共同讨论、修改，彼此监督，直到所有人都达成一致。哈佛通过这种方式锻炼和培养学生们的合作精神，从而使他们认识到团结的力量，远远胜过自己一个人的单打独斗！

与此同时，哈佛的教授们对付那些"孤胆英雄"，也丝毫不会手下留情！

　　一天，一位哈佛教授叫来自己的学生们，并让他们四人一组去参与某企业的编写系统方案。其中一组里有个软件开发的高手，可他的另外三个伙伴却对编程没什么概念，于是他理所当然地当上了组长。他原本以为就算那三个伙伴啥也不懂，最起码也能给自己帮些小忙，谁知，结果竟是他一个人完成所有的工作。

　　系统方案上交后，企业老总对四人的表现非常满意，教授也很欣慰。不过当这位组长去看成绩时，却发现自己只得了个B，更让他生气的是，那三个几乎啥都没干的家伙竟然全是A。对此，既不服气又不甘心的他，压抑着自己满腔的怒火，跑去了教授的办公室，他进门就问："老师，为什么只有我一个人是B，他们三个都是A？其实他们什么都没干，活都是我一人做的！"

　　教授看了这位一眼，说道："这个我知道，我已经了解过你们的情况！"

　　"既然这样，为什么还要给我B，难道您对我有什么偏见？"

　　"偏见倒没有，只是你的组员们都觉得，你对这个小组没什么贡献！"

　　"什么？我没有贡献！那个方案可是我一个人弄出来的！"

　　"他们全都这么说，所以我……"

　　"还敢说我没有贡献，您知道那个汤姆斯每次开会都找借口不参加吗？"

"我知道，但他说原因在你，是你从不听他的建议，他才会没兴趣参加！"

"那克鲁斯呢，他写的那些压根没法用，害得我还得抽出空来帮他改！"

"哦，他也说了，你经常改他的东西，不尊重他，所以他也不想参与！"

"还有露丝，她每天就叫个外卖，其他的啥也不干，这样也能拿 A？"

"这个我要说一下，她并非什么都没干，相反，她对这个小组做出的贡献最大，因为是她挽救了小组的分崩离析，另外两人也这么认为，所以她也满分！"

该组长气得是火冒三丈，喊道："你若真这样想，那我无话可说！"

组长说完，转身就要离开，可教授却截住了他："先等等！我知道你非常优秀，但一个人的能力毕竟是有限的，当你真正踏入社会后，便会发现，很多事单凭你自己的力量根本就完不成，到那时，你若再想跟别人合作，恐怕没人会愿意。因为你已经养成了单打独斗的习惯，即使你想找人帮忙，对方也会默认为你并不需要，所以作为老师的我，必须、也有责任培养你们团结合作的精神！"

听完教授的这番话，这位组长终于知道了自己得B的真正原因！

经历此事之后，这位组长已经懂得了团结合作的重要性，同样身为学生的你，又是否明白呢？若还不明白，可以看看我们的周围，当今社会根本不需要什么"孤胆英雄"，更不需要以自我为中心的人才，它需要的是能把力量凝聚起来的领袖。这是个合作的世界，大家都在寻找自己的"合伙人"。人们为了一个共同的目标彼此配合，从而实现价值的最大化。

一个人的成功，80%来源于跟别人的合作，只有20%来自个人能力。"独木难成林"，即使是最优秀的人，也要借助团队的合作力，才能在激烈的竞争中生存下来，这是千古不变的至理。

怎样才能拥有超强的合作力呢？

帮助他人，先抛出你的"橄榄枝"

不知从何时开始，人们的警惕性已经越来越高，曾经那个"夜不闭户、路不拾遗"的年代一去不复返，在现在这种环境之下，要想找个真心实意的"合伙人"，还真不是件易事！对此，我们不妨主动去帮助他人，先抛出自己的"橄榄枝"，就算找不到合适的伙伴，也能为彼此今后的合作埋下伏笔，何乐而不为！

适当忍耐，屏蔽所有不和谐的因素

人是一种感性的动物，会受到七情六欲的影响，更何况有些人根本不懂得控制自己的情绪。当你的"合伙人"发脾气、闹情绪时，请适当地忍耐一下，团队里总得有人做出妥协。

大度一点，主动揽下合作中的错误

没人能保证合作就一定可以顺风顺水，即便是再默契的好友，也会不可避免的犯错。与其相互指责，推卸责任，不如大度点，主动揽下错误，请求对方的原谅，以减少不必要的摩擦。

💕 **学习日志**

世人皆说："女怕嫁错郎，男怕入错行。"同样，合作也怕选错了对象。唯有跟对的人合作，才能获得成功，反之，若一不小心选错了人，那只怕是要以失败收场了。所以，一定要严格筛选合作的对象，贪心的人、暴戾的人、不讲道理的人、心里藏不住事的人、名声已经臭了的人等，可千万别跟他们合作！

第十章

哈佛"快乐学"：
真正的"老师"名叫逆境

逆境能让你找到顺境中所没有的机遇！

比起赞美，哈佛人更喜欢批评

不能忍受批评，就无法接受新事物！

在哈佛的校园里，有着不同肤色、不同国家、不同名族、不同文化、不同宗教的人，这些人从世界的各个角落来到哈佛，并不是因为他们拥有相同的信仰，而是因为他们都有一个共同的目标，那就是——要不断地追求真知！哈佛教授经常会告诫学子：在真理面前，人类要学会谦虚，要认识到自己的无知！

正因为如此，比起华而不实的赞美，哈佛人更喜欢能使人进步的批评！虽然批评既没有赞美的华丽辞藻，也没有赞美的和颜悦色，更没赞美那般能令人身心愉悦，但对哈佛人来说，它却是一种另类的精神鼓励，鼓舞着他们勇敢面对自己的错误和缺点，并且尽快地改正，以避免再犯同样的错误，遭受同样的损失！

哈佛教授就非常善于批评，只不过，他们的批评往往都是"无声"的！

　　这天的哈佛校园到处洋溢着欢乐的气息，为什么呢？因为这是哈佛期终考试的最后一天，也是学子们参加毕业典礼和工作之前的最后一次测验！

　　在教学楼的台阶上，挤满了要参加考试的学生，其中就属工程学高年级的学生们最为活跃，他们时而三五个聚在一起嬉闹；时而谈论自己找到的那份工作；时而描述他们将会得到的工作；时而讨论即将要开始的考试……每个人的脸上都写满了自信，仿佛这次测试就是走个过场，结果他们早已经知晓！

　　这帮学生为什么会如此自信？原来，教授竟告诉他们，可以带自己想带的任何书或笔记参加考试，但只有一个要求，那就是不能在测验时交头接耳！于是他们兴高采烈地冲进了考场，当他们发现所谓的考试，其实只是五道评论类型的问题时，心里简直乐开了花儿，有的人甚至相互使了个眼色，提示对方早点交卷。

　　谁曾想，几个小时过去后，非但没有一位学生提前交卷，而且每个人的脸上都露出了痛苦的表情，直到教授要开始收试卷，他们才从痛苦中醒来，取而代之的是慌张和惊恐。看着教授手里的那些试卷，他们再也自信不起来了，纷纷低下了头，不敢说一句话。这时，教授说话了："有多少人做完了所有的试题？"

　　大家你看着我、我看着你，竟没有一个人举手！

　　"好吧！有谁完成了其中的四道题？"教授继续问道。

学生们仍然面面相觑，没有一个人举手。

"那么，三道题或两道题呢？不会也没人做完吧！"

大家纷纷不安起来，都在座位上扭来扭去的浑身不自在。

"那一道题呢？总有人能完成其中的一个题目吧！"

面对教授的追问，教室里除了沉默还是沉默。大家本以为教授会大发雷霆，谁知，他却放下了试卷，说道："同学们，这正是我所期望看见的结果！"

大家被这话给整蒙了，不知道教授葫芦里究竟卖的是什么药！

望着台下那一双双疑惑的眼睛，教授继续说道："我只是想让你们牢记一点，无论这四年你们学了多少知识、多少技能、多少能力，都要始终保持谦虚的心态，因为还有更多的东西在等着你们去学习和探索！你们可以把这看作是一堂批评课，只要你们能印象深刻就行。这是我送给你们的最后的礼物！"说完这番后，教授笑着补充道："不用担心成绩，我会让你们全部都通过！"

时光流逝，这批学生早已不记得教授的名字，但他的这堂批评课却没人敢忘！

批评从来都不是个贬义词，而是能鼓舞人心、激人奋进的褒义词。你若不信，大可以看看哈佛人的励志名句："别怕受人批评"；"一事无成的无名小卒才能免于批评"；"不能忍受批评，就无法接受新事物"；

"当你提出新的观念，就要准备受人批评"……

哈佛人在真理面前总是保持谦虚，只要是有助于自己进步，抑或能让自己有所建树的批评，无论是谁提出来的，他们都会虚心地接受，因为他们的信仰就是追求真理，他们还是真理的忠实信徒，每一个来到哈佛的人，都在为获得关于世界的、人类的真知而努力奋斗！

"人外有人，天外有天"，知识是无穷无尽的，我们要想学得更多、成绩更好，就必须时刻做好接受批评的准备，这样才能在吸取别人优点的同时，又改正了自身的缺点！所以，与其整天仰着脑袋装大尾巴狼，什么都没学到，还不如放下身段去吸收更多的知识，去探索更大的世界！

不可否认，被人批评的确很伤心、难过，也确实需要勇气来面对，可你有没有想过，其实那些批评你的人更加难受。为什么？因为他们在乎你、关心你、紧张你、担心你，所以他们宁愿被你责怪、埋怨，甚至记恨，也要指出你的缺点和不足！你若不虚心接受，岂不枉费了他们的苦心，辜负了他们对你的关爱？

亲爱的同学们，看完这些，你是不是已经有那么一点点爱上批评了呢！

学习日志

接受批评能让我们改正自己的缺点、弥补自己的不足，然而这并不表示什么样的批评我们都得虚心接受，对于那些心怀鬼胎、故意找茬、伺机报复的批评，我们就完全可以不用理会！我们虚心面对的只有学问，除此之外的一切都统统靠边站，绝不能给坏人乘虚而入的机会！

具体应该怎么做呢？哈佛教授给出了答案：“不要怕不公正的批评，但要知道哪些是不公正的批评！”

感谢那些曾看不起你的人吧

没有艰辛，便无收获！

在哈佛，不少学子都来自贫困家庭，其中既有偏僻农村的"放牛娃"，也有住在大城市的"流浪汉"，面对多舛的命运，他们非但没选择放弃，反而活出了别样的人生！他们是如何做到的呢？答案很简单，那就是感谢那些曾看不起自己的人，谢谢这帮人对自己的另类激励！我们无法选择出身，但我们可以把握人生，对此，哈佛人就只信奉一句话："没有艰辛，便无收获！"

世上不幸的人很多，穷人常常不受待见，笨蛋往往没什么朋友，说这个社会势利也好，骂别人不长眼也罢，如果你是其中一员，请千万不要诸多抱怨，因为别人的不屑，会令你更好地学习；别人的鄙视，能促使你更快地成长！所以，感谢那些看不起你的人吧，是他们给了你动力，增加了你的力量！

篮球明星林书豪，就是这样一步一步迈向成功的！

　　说起美国职业篮球队的队员林书豪，基本上是无人不知、无人不晓，这个出生于美国加州帕罗奥图的小伙子，已然是一颗耀眼的明星！2012年2月，林书豪以自由球员的身份去了尼克斯队，他不但带领队员们一路拼杀，连赢了7场比赛，还站上了首发球员的宝座，一举成为全世界球迷关注的焦点！

　　林书豪看似轻易地一夜成名的背后，却是吃尽了苦头，不仅连连遭遇阻碍，与成功失之交臂，更是屡屡招人白眼、处处受到排挤。美国的"篮球圈"几乎是黑人当道，连白人进去都得靠"挤"，更何况是黄皮肤的中国人呢！所以，像林书豪这样的华裔球员在里面压根就别想"活"！对于这种现象，林书豪也曾说过："在美国，一名亚裔美国篮球运动员是不受人尊重的。"

　　高中毕业后，林书豪以自己的篮球优势进了哈佛大学，可他刚进入篮球队，就经常接收到别人投来的异样目光，接下来的日子，他更是真真切切地感受到了屈辱。2007年，他跟队员们一起去参加旧金山的Pro-Am夏季联赛，当他走进球馆开始热身时，有个工作人员跑过来提醒他："这里举行的是篮球比赛，不是排球！"当他在客场打比赛时，又有人在看台上冲他大喊："快滚回老家去吧！"

　　面对种种"不尊重"的行为，林书豪并没有选择放弃，他将这份耻辱当成了一种激励，更加努力地训练球技，他知道，没什么比行动更有说服力。于是，他在不屑眼神和蔑视语言的"鼓励"下，一步一个脚印地向前迈进，他要用实际行动去回击那些看不起自己的人，他更要证明肤色绝不是成功的绊脚石！

皇天不负有心人，林书豪终于在哈佛开辟了自己的天地，他从一个能力被怀疑的"小喽啰"，脱变为创造好几项纪录的"大哥大"！哈佛毕业后，他带着对未来的憧憬和期许，参加了NBA一年一度的选秀会，谁知一不小心失利，以致没得到任何球队的正式签约。幸运的是，选择小牛队秀前试训的他，跟随这支队伍参加了NBA的夏季联赛，比赛中的他表现突出，成功拿到了勇士队的合约。

然而对于一名亚裔美籍华人来说，要想在NBA取得成功，几乎是件不可能的事。虽然签了球队，但林书豪却根本没机会上场，是个替补中的替补，不仅如此，他还曾被下放到发展联盟。面对这一切，他除了努力，更多的是在隐忍，直到2012年去了尼克斯队，他一举战胜了最亮眼的科比，才成了篮球界的新星！

林书豪是个聪明人，面对别人的轻视，他非但没有诸多抱怨，反而将此化作了一种激励。也许没有那帮人的"不尊重"，林书豪也能够成功，可有了他们的激励，却可以有更大的成功，他之所以能从一个没保障合同、没固定住所、没人知道的替补，变成篮球界一颗闪亮的新星，那帮人绝对功不可没！

人生百年，有很多东西是我们与生俱来的，不管我们接不接受、乐不乐意，这些都是我们无法选择也无法改变的。在此之中，就包括我们的家庭和出身。如果你出生在一个锦衣玉食的家庭，这当然可喜可贺，但更多的概率，是你会出生在一个普通的百姓之家，既没有显赫的身世，也没有亿万的家产，甚至父母还背负着各种债务：房贷、车贷、信用卡欠账等等，对此，我们应该怎么做呢？

无论你的选择是什么，哈佛人都会告诉你：贫穷和羞辱可以摧毁人的自信，但也可以催促人奋进，就看你选择向上还是向下了！很多事都是一把双刃剑，它既可以让你变成魔鬼，也可以帮你消灭魔鬼，关键要看你怎么选。若你受不了轻视、忍不了屈辱，进而开始怀疑自己、鄙视自己、自暴自弃，就无法走出心里的阴影，亦逃不出命运布下的陷阱，甚至还有可能会走向生命的极端！

所以，亲爱的同学们，不要拿别人的错误伤害自己！

♥ 学习日志

通常，经历过贫困的孩子，会比生活在安乐窝里的"小皇帝""小公主"们懂事，他们不但有较强的独立能力，身上还具备了勤奋、坚韧、乐观等优良的品质。从这个角度来说，那些易被别人看不起的因素，如贫穷的家境、天生的缺陷等等，反倒能让人拥有更多能力，也能促使人更快的成长！

奇迹并不是每个人都能创造的，只有那些优秀而坚韧的人，才能对不利的环境产生免疫，才能轻而易举地化不利为有利，进而改变自己的命运，谱写完美的人生！

不要怕苦难，它也能帮你成功

每跃过一次困难和挫折，你就多一分成功的助力！

很多时候，命运就像个淘气的"捣蛋鬼"，总会时不时地在人生里掺点"苦难"，给我们的成长增加点难度。面对没事喜欢开个"玩笑"的命运，哈佛著名的心理学教授沙哈尔能帮你对付它：每个人都必须经历蹒跚学步，才能走出如今优美的步伐，同样，每个人也要经历无数次失败，才能获得最后的成功。真正的学生领袖必须懂得如何面对失败，懂得如何战胜自己，从而脱离困境的泥沼！

沙哈尔教授可不是凭空想出应对苦难的办法，除了深入的研究外，还有自己切身的体会。他从一个体坛健将到哈佛计算系的高才生，再到现在的知名心理学专家，背后经历过多少磨难可想而知，每一次身份的转换，他都要遭受内心痛苦的煎熬，可也正因为如此，才使得他投身于心理学，创造了自己的辉煌人生！

从苦难中获取成功的哈佛人比比皆是，尤其是富兰克林·罗斯福！

众所周知，罗斯福并不属于"偶像派"，而是实打实的"实力派"，小时候的他更是牙齿暴露在外，惹得同学们经常讽刺、挖苦他，甚至有人说他的牙齿都可以用来挖地瓜了。为此，小罗斯福变得异常敏感，既不敢主动结交朋友，也几乎不参加任何同学间的活动，就连在课堂上都很少发言，生怕别人又嘲笑自己。

谁曾想，小罗斯福怕什么就来什么。这天，老师无意间点到了他，让他起来背诵一篇课文，只见他屁股才刚离开座位，有的同学便忍不住哈哈大笑，还有些同学在下面窃窃私语。看着眼前的一切，小罗斯福开始呼吸紧张、双腿发抖，嘴唇也颤动不已，课文也背得含含糊糊、吞吞吐吐，最后在大家的哄笑声中结束。

身体的缺陷给了小罗斯福很多磨难，在嘲笑声中度日如年的他，因没有一张英俊的面孔，而很难真正融入学校的那些"小圈子"。随着时间的推移，小罗斯福越发觉得不能再逃避了，他要用行动来证明自己的实力！对此，他很清楚没人比自己更了解自己，要想克服自己先天性的缺陷，首先要做的就是正视它，不能再当只知道把头埋进沙子里的鸵鸟，要做个直面痛苦和磨难的勇士。

其次，为了消除自己内心的恐惧，罗斯福把因紧张而喘气的习惯，变成了一种坚定的嘶声；他还咬紧了牙关使自己的嘴唇不再颤动……总之，只要是能克服的，他都一一拿下，至于那些克服不了的，他就加以利用，使缺陷变成与众不同的特点！多年后，他学会了利用假声来演讲，以掩饰自己那无人不知的龅牙！

罗斯福的演讲既没有洪亮的声音，也没有威严的姿态，更不像其他政客那般措辞惊人，可正因为他的演说语言质朴、声音独特、神情和蔼，才引起了广大民众的共鸣。他裹着毯子坐在轮椅上"炉边谈话"的模样，让世人早已忘记了他曾经那打桩工人般的姿态，取而代之的是温暖、亲切和慈祥，令听者不由得想去相信他、跟随他！通过一次次出色的演讲，罗斯福也一步步登上了总统的宝座！

面对自身的缺陷，罗斯福可谓是吃尽了苦头，可他既没选择退缩，也没因此而意志消沉，他勇敢地与困境抗衡，将缺憾变成了一种资本、变成了一把扶梯，正是靠着这资本和扶梯，才一路走向了人生的巅峰！由此可见，苦难不仅仅只有"负能量"，它还有满满的"正能量"，就看我们如何去选择和取舍！

若一不小心选了"负能量"，那可大事不妙，因为灰心、泄气、失望都会找上你，让你的生活从此永无宁日，只能眼睁睁地看着成功去别人家"做客"！可要是选择了"正能量"，情况就大不一样了，届时你的激情和斗志会被唤醒，苦难非但不会变成痛苦和不幸，还能转化成另一种幸福。

其实我们每个人面前都有一道屏障，只不过它有很多不同的名字，有时叫贫穷、饥饿、失业、灾难，有时又叫不顺心或不如意。也许在它面前你会倍感压力和煎熬，甚至是失落，但如果能顶住不屈服，并化压力为动力，去突破这道唬人的屏障，一旦成功，他们便能改变自己的命运！

人生在世，难免会遭遇困难和挫折，有些人被它们可怕的外表唬住，停止了继续前行，有些人却坦然接受它们的考验，以不断积累宝贵的经验。显然，哈佛人便是聪明的后者，他们压根就不怕困难和阻碍，因为他们懂得苦难的真正价值：锻炼你的能力、训练你的胆识、磨炼你的意志……让你更快地迈向成功！

♥ 学习日志

面对苦难，就连混迹社会多年的成年人都心有余悸，更何况是涉世未深的学生呢？学生虽不像大人那般每天要处理诸多糟心的事，但也有自己的烦恼和忧虑要处理。

让你哭只是手段，反省才是目的

了解自己为何失败，则失败就是资产！

一直以来，哈佛都是世人向往的一流学府，众人皆信能在那里学习的人，即便没怀揣"绝世神功"，也是凤毛麟角的"世外高人"。实际上，他们除了成绩较为出众，就只具备三个条件或仅仅是其中之一。究竟是哪三个条件呢？第一是有文艺特长，如唱歌、跳舞、弹钢琴等；第二是有运动细胞，如足球、篮球等。至于第三个条件，它既不是说话能力，也不是交际能力，更不是活动能力，而是有没有经历过失败的苦难。对此，你是否觉得惊讶？其实大可不必，对于哈佛来说，失败非但不是件"掉价"的事，反而还是一笔宝贵的财富，它坚信："了解自己为何失败，则失败是资产"；"失败是一种让人承担更大责任的准备"；"失败若能将人推出自满的椅子，迫使他做更有用的事情，则是一种福气"……

正因为如此，哈佛人面对失败从不会哭，而是及时地反省，让自己进步！

　　作为家族里唯一的女孩，蕾蕾一直都希望能成为父母的骄傲，给兄弟们做个榜样，但现实却事与愿违，她干什么什么不顺，老天爷像故意跟她开玩笑似的！

　　上小学时，为了能够在期末混个"三好学生"的奖状，蕾蕾是拼了命地表现自己：有活第一个冲上去干；别人有需要第一个去帮忙；老师提问第一个举手回答……刚开始，老师和同学们还挺喜欢她的，可时间一长，大家就有点受不了她的热情了，因为她实在太想表现自己了，没事都要整出点事来，导致大家看见她就躲，尽可能地避免与她接触。所以她的小学生活并不愉快，甚至有些悲摧。

　　小时候失败的打击，让蕾蕾彻底变成了另一个人，她觉得还是学习成绩最实际，只要她每次考试都能名列前茅，照样可以成为家族的骄傲，于是她学会了安分守己，将所有的心思全放在了学习上。不过当她成为一个孤独的"尖子生"后，给人的感觉除了高傲，还是高傲，虽然老师们对她青睐有加，皆把她当作重点培养的对象，但同学们却并不买她的账，不合群的她再次遭到了大家排斥。

　　对此，蕾蕾开始静下心来自我反省，她之所以会如此失败，就是因为严重的不合群。于是她千方百计融入大家：只要是学校举办的团体活动，她都一定会参加，且拼尽全力为班级争光；

但凡是班级的集体活动，她皆主动要求参与，哪怕是同学们私下组织的小活动和聚会，她都厚着脸皮要求加入……

做出改变后的蕾蕾，人际关系和管理能力直线往上涨，她再也不是那个每天一进教室便埋头苦学的"书呆子"了，而是一看见人就上前寒暄，并跟女生们大聊八卦、时装、电视剧的"人气王"。最让她意想不到的是，她竟凭借出众的领导力进了哈佛！

每个人都有自己的成长环境，无论是好还是坏，皆会不可避免地遭遇挫折和失败，蕾蕾为了向家族证明女孩也能很棒，就吃了不少的苦头，幸而她并没有向苦难低头，而是及时地进行了自我反省，最终改变了自己的命运。但在生活中，有这种运气的人并不多，不少人因承受不了失败的打击，选择了缴械投降，整天生活在阴霾里，不是埋怨老天爷的不公，就是惋惜没生在好的时代。

这世上几乎人人都经历过失败，但不同的是：有的人总能第一时间擦干眼泪，及时地进行自我反省，从而让自己离成功更近一步；可有些人却陷入失败的泥沼无法自拔，白白浪费了机遇。那些把自己弄哭的失败，不过是一种手段罢了，其真正的目的是为了让自己反省，以及更深刻地看清楚自身的缺点，好让自己能尽快弥补这些不足，变得更加完美！

失败的确会给人带来痛苦，但不可否认的是，它也能为人招揽成功的契机，关键就看你怎么去对待！你的哭泣，只会提醒人们重新注意到你曾经的无能；你的痛苦，也只能让失败发现你的软弱，从此变本加厉地欺负你。千万别小瞧了失败，它可是成功之母，你要想获得成功，就必须学会从失败中总结经验、吸取教训！

❥学习日志

　　人们对于自我的认知并不完善，生活中的很多人都栽在了"自我意识"上：有些人过于轻视自己的能力，以致变得缺乏自信；可有些人又太相信自己的能力，于是骄傲自满起来。自我认知是一门高深的艺术，唯有明明白白、真真切切地认识自己，才能更好地去走人生路！

　　对此，哈佛教授常善意地提醒学子们：认识你自己，为你的无知而求知。因为只有自知的人，才能知晓他人！什么叫"认识自己"呢？其实就是自我反省，使自己清楚自身的缺点和不足，从而及时弥补，让自己变得更完美！并非只有经历失败后才能反省，平时也可以自省，以进化自我！

如何面对失败

世间并不存在"失败"，那不过是生活想让我们换个方向走走罢了！

对于如何面对失败，哈佛可谓是无所不用其极，因为每年都有学生在挫折的打击下退学，有些人甚至选择了自杀。有个名叫伊莉莎亚的哈佛女孩，曾这样描述自己："我是一个成绩优异的哈佛精神病患者！"这个年仅 19 岁的女孩，在宿舍结束了自己年轻的生命。对此，她的室友们都感到不可思议，因为就在事发的前一天，她还开心地跟大家伙谈论天气来着！

有人可能会问：哈佛怎么会有人自杀呢？哈佛人的确比普通人更勇敢、更坚强，但他们毕竟只是人，难免会有钻牛角尖的！为了更好地帮助学子们，尤其是那帮"尖子生"，哈佛不仅开设了有关失败的课题，如"心理学""幸福课"等，还经常会请名人、精英们来开导大家。要说谁的到来最令人印象深刻，那就非《哈利·波特》系列小说的作者 J.K. 罗琳莫属了！

随着《哈利·波特》系列电影的大火，作者罗琳也迅速蹿红，并一夜暴富。世人纷纷表示羡慕、嫉妒、恨，却不知她成功的背后是屡屡的失败！

出生于英国的罗琳，对爱情却充满了法国的浪漫，27岁的她在酒吧里邂逅了挚爱——一位名叫乔治·阿朗特斯的新闻系学生！乔治对罗琳一见钟情，在他的猛烈攻势之下，罗琳与这个相识不到一年的男人结婚了。婚后的日子并不像罗琳想象的那般美好，激情褪去后，他们就只剩下吵架，直到女儿杰西卡的降临，才有所好转。可好景不长，两人经过一次激烈的争吵后，终于选择了离婚！

婚姻的失败给了罗琳一个重击，为此，她花了整整9个月的时间来治疗。这期间，独自一人养活女儿的她倍感压力，不得不申请政府的资助，就这样，她每周多了103.5美元的额外补贴。可即便如此，她的生活也依然拮据，对于一个母亲来说，自己苦一点没什么，但不能苦了自己的女儿，她决定要挣钱！

干点什么好呢？罗琳思索再三，觉得做自己最拿手的事比较保险，而她最擅长的，就是编故事了！她一拿定主意，便开始了自己的创作，并且这一写就是整整五年。可是她向各大出版社寄出刚完成的《哈利·波特与魔法石》后，不是石沉大海，便是音讯全无，竟没有一家愿意出版。她再次遭遇失败！

面对失败，罗琳并没有气馁，她依然每天寄书稿，只不过她的目标不再是大公司、大出版社，而是那些小书商、小印刷厂！

她的努力没有白费，有个小印刷商看中了她的故事，答应帮她出书。罗琳的书一经出版就好评如潮、备受关注，不但连续拿下好几个大奖，而且她的生活也发生了翻天覆地的变化！

成名后的罗琳名声大噪，频频出现于各大讲台，哈佛也凑了个热闹！

2008年6月5日，罗琳来到哈佛演讲，当她踏上讲台的那一刻，脑海里浮现出曾经的种种，看着眼前那一张张青春洋溢的脸庞，她找到了自己要演说的主题，于是说道："我在你们这个年龄时，最害怕的不是贫穷，而是失败……"

"毫无挫折的生活是不存在的，除非你生活得万般小心，可有些失败还是会发生。失败让我内心安全，这是我从考试中没有得到过的。失败教会我一些不能用其他方法获得的东西：我发现自己有坚强的意志，比想象中还多的原则；我也发现我拥有朋友——他们的价值远在红宝石之上。从挫折中得到知识将使你更加明智和坚强，也就是说，你比以往任何时候更有能力生存……"

罗琳的这番演说帮助了不少哈佛人，不知能不能打动你！人生难免遭遇失败，我们越是投入，受到的打击便越大，内心也就越痛苦。但我们往往却没有意识到，这些痛苦并非来自外部，而是我们自己造成的：为了一次小小的测验、一句不经意的批评，甚至是一些闲言碎语，我们伤心、失落、斤斤计较，心情难以平复。时间一久，我们的心灵也被折磨得千疮百孔！

这世上从没有一帆风顺的人生，内心再强大的人，在失败面前都会有所顾忌！千万不要气馁，在学习知识和技能之余，还要积极地接受心理素质的训练，以抵御来自各方面的压力，战胜自己，便能战胜一切！

如何面对失败呢？

先冷静，别大惊小怪

漫漫人生旅，虽没人能躲得过失败的痛苦，却也并不妨碍我们继续幸福，前提是必须有个好心态。这世上每个人都会因能力和客观条件的限制，而遭遇各种挫折和失败。完全没必要大惊小怪的，更不用把它看成世界末日！

增强心理韧性，对抗屡战屡败

也许一次失败我们能克制得住，但两次、三次甚至更多次的屡战屡败，我们又该如何去面对呢？这就需要我们增强自己的心理韧性了！说白了就是要有恒心，不能虎头蛇尾、半途而废，得拿出不达目的誓不罢休的劲儿来。最简单有效的办法便是奖励，在内心临近崩溃的边缘，表扬、大道理什么的都不管用，唯有实际性的东西能在崩溃前把自己拉回来！

理清自己，分析失败原因

稳住情绪后，就要开始理清自己了，分析失败的原因，并思考下一步该怎么做。不断地从失败中吸取教训，你的每一次失败，尤其是你犯下的错误，能帮助、推动你去做更好的自己。一定要具体问题具体分析，如考试没有考好，就要分析是因为没做好充分的准备，还是因为尽了全力也有不会的题等，然后想办法解决，或考前多用点功，或多向师生们请教。

♥ 学习日志

不可否认，失败后的心态和分析十分重要，但更重要的却是减少失败！要想做到这一点，我们就必须尽可能挖掘自己的潜力，提高自身的能力，以避免自己不断地犯错！对于潜力，哈佛人会建议你："多做一些，机会将随之而来"；"如果你想更上一层楼，就要接受比别人更多的挑战"；"三思而行的人，很少会做错事"；"不要怕不公正的批评，但你要知道哪些才是不公正的批评"……